Andrascek-Peter · Braun

Fallsammlung
Abgabenordnung

 Online-Version inklusive!

Stellen Sie dieses Buch jetzt in Ihre „digitale Bibliothek" in der NWB Datenbank und nutzen Sie Ihre Vorteile:

► Ob am Arbeitsplatz, zu Hause oder unterwegs: Die Online-Version dieses Buches können Sie jederzeit und überall da nutzen, wo Sie Zugang zu einem mit dem Internet verbundenen PC haben.

► Die praktischen Recherchefunktionen der NWB Datenbank erleichtern Ihnen die gezielte Suche nach bestimmten Inhalten und Fragestellungen.

► Die Anlage Ihrer persönlichen „digitalen Bibliothek" und deren Nutzung in der NWB Datenbank online ist kostenlos. Sie müssen dazu nicht Abonnent der Datenbank sein.

Ihr Freischaltcode:

BIRSDHVNFLWDBYHXFVNAMW

Andrascek-Peter/B., Fallsammlung Abgabenordnung

So einfach geht's:

(1.) Rufen Sie im Internet die Seite **www.nwb.de/go/online-buch** auf.

(2.) Geben Sie Ihren Freischaltcode in Großbuchstaben ein und folgen Sie dem Anmeldedialog.

(3.) Fertig!

Alternativ können Sie auch den Barcode direkt mit der **NWB Mobile** App einscannen und so Ihr Produkt freischalten! Die NWB Mobile App gibt es für iOS, Android und Windows Phone!

Die NWB Datenbank – alle digitalen Inhalte aus unserem Verlagsprogramm in einem System.

www.nwb.de

Steuerfachkurs · Training

Fallsammlung Abgabenordnung

Von
Regierungsdirektorin Ramona Andrascek-Peter
Stv. Leiterin des Fachbereichs Finanzwesen an der Fachhochschule für öffentliche
Verwaltung und Rechtspflege in Bayern, Herrsching

Dr. Wernher Braun
Leiter des Fachbereichs Finanzwesen an der Fachhochschule für öffentliche
Verwaltung und Rechtspflege in Bayern, Herrsching

Begründet von
Leitender Regierungsdirektor i. R. Rainer Friemel

Regierungsdirektor i. R. Kurt Schiml

17., überarbeitete Auflage

▶ **nwb** AUSBILDUNG

ISBN 978-3-482-**53637**-3

17., überarbeitete Auflage 2017

© NWB Verlag GmbH & Co. KG, Herne 1964
www.nwb.de

Satz: Griebsch & Rochol Druck GmbH, Hamm

Druck: medienHaus Plump GmbH, Rheinbreitbach

VORWORT

Die Abgabenordnung ist das „Grundgesetz" des Steuerrechts. In über 400 Paragraphen regelt sie das Verfahrensrecht für alle öffentlich-rechtlichen, durch die Finanzbehörden verwalteten Abgaben. Seit ihrem Inkrafttreten am 1.1.1977 wurde die Abgabenordnung (AO 1977) durch mehr als 65 Gesetze geändert. Der Anwendungserlass regelt und die höchstrichterliche Rechtsprechung überwacht die Anwendung des Gesetzes. Das Abgabenrecht ist somit ein grundlegendes und umfassendes Gebiet, das zu beherrschen für den angehenden Steuerprofi – Steuerberater, Steuerinspektor oder Steuerfachwirt – unverzichtbar ist.

Die Fallsammlung zur Abgabenordnung erscheint in der bewährten Reihe *Steuerfachkurs*. Mit ihr trainieren angehende Steuerprofis, Sachverhalte richtig zu erkennen und einzuordnen sowie die praktische Anwendung des Abgabenrechts, denn nur so gewinnen sie die notwendige inhaltliche Sicherheit.

Das Buch enthält 40 Fälle zu den typischen, klausurnahen Gebieten der Abgabenordnung. Bei inhaltlichen Unsicherheiten erleichtern Literaturhinweise – sofern notwendig oder gewünscht – das Nachschlagen im *Lehrbuch Abgabenordnung*. In die ausführlichen Lösungen wurden selbstverständlich Gesetzes- sowie die Änderungen des AEAO und die neue Rechtsprechung des BFH einbezogen. Das Buch hat den Rechtsstand 1.4.2017.

Wir möchten Sie noch darauf hinweisen, dass die Jahreszahlen „01", „02" usw. *fiktive* Jahreszahlen sind, auf die derzeit gültiges Recht anzuwenden ist.

Herrsching/Herne, im Mai 2017

Verfasser und Verlag

INHALTSVERZEICHNIS

Seite

Vorwort   V

Literaturhinweise   XI

Abkürzungsverzeichnis   XIII

Kapitel 1: Zuständigkeit   **1**

Fall 1   Örtliche Zuständigkeit   1

Fall 2   Gesonderte Feststellung von Besteuerungsgrundlagen, sachliche
Zuständigkeit, Wechsel der örtlichen Zuständigkeit, Folgen der
örtlichen Unzuständigkeit, Gebundene Verwaltungsakte und
Ermessensverwaltungsakte   3

Kapitel 2: Steuergeheimnis   **6**

Fall 3   Steuergeheimnis   6

Fall 4   Steuergeheimnis, Begriff des Verwaltungsaktes   7

Kapitel 3: Auskunftsverweigerungsrechte   **11**

Fall 5   Auskunftsverweigerungsrechte, Befugnisse der Steuerfahndung,
Schutz von Bankkunden   11

Kapitel 4: Bekanntgabe von Steuerverwaltungsakten   **14**

Fall 6   Nichtigkeit, Adressierung und Übermittlung von Steuerbescheiden
und Feststellungsbescheiden   14

Kapitel 5: Korrektur von Steuerverwaltungsakten, Festsetzungsverjährung   **17**

Fall 7   Berichtigung von offenbaren Unrichtigkeiten,
Festsetzungsverjährung   17

Fall 8   Rücknahme von rechtswidrigen Nichtsteuerbescheiden   19

Fall 9   Widerruf von rechtmäßigen Nichtsteuerbescheiden,
Nebenbestimmungen bei Ermessensverwaltungsakten   23

Seite

Fall 10   Änderung von Steuerbescheiden unter Vorbehalt der
Nachprüfung, Nebenbestimmungen bei gebundenen
Verwaltungsakten, Festsetzungsverjährung   26

Fall 11   Vorläufige Steuerfestsetzung, Nebenbestimmungen bei
gebundenen Verwaltungsakten, Festsetzungsverjährung bei
vorläufigen Steuerfestsetzungen   28

Fall 12   Schlichte Änderung und Abhilfebescheid, Korrektur von
Einspruchentscheidungen, Festsetzungsverjährung   30

Fall 13   Änderung wegen neuer Tatsachen, Steuergeheimnis,
Kontrollmitteilung, rechtliches Gehör vor Erlass von
Änderungsbescheiden   33

Fall 14   Widerstreitende Steuerfestsetzungen, Hinzuziehung im
Korrekturverfahren   36

Fall 15   Änderung von Folgebescheiden, Festsetzungsverjährung und
Feststellungsverjährung, Ablaufhemmung   38

Fall 16   Änderung bei rückwirkendem Ereignis, Festsetzungsverjährung   42

Fall 17   Korrektur von Steuerverwaltungsakten, Mitberichtigung von
materiellen Fehlern, Auskunftspflicht, Verwertungsverbot   45

Fall 18   Korrektur von Steuerbescheiden, Mitberichtigung von materiellen
Fehlern, Festsetzungsverjährung, Ablaufhemmung   49

Kapitel 6:   Steuerliche Nebenleistungen   **54**

Fall 19   Zinsen, Säumniszuschläge   54
Fall 20   Säumniszuschläge, Verspätungszuschläge   57

Kapitel 7:   Erlöschen von Ansprüchen aus dem Steuerschuldverhältnis   **60**

Fall 21   Aufrechnung, Verrechnungsvertrag   60
Fall 22   Aufrechnung, Zahlungsverjährung   61
Fall 23   Erlass   63
Fall 24   Zahlungsverjährung   67

Kapitel 8:   Haftung   **70**

Fall 25   Haftung der Vertreter   70
Fall 26   Haftung des Betriebsübernehmers   75
Fall 27   Haftung nach Handelsrecht, Verjährung von Säumniszuschlägen 79

Seite

Kapitel 9:   Einspruchsverfahren   **83**

Fall 28   Einspruchsverfahren, Auslegung   83

Fall 29   Einspruchsverfahren, § 172 Abs. 1 Nr. 2a AO   85

Fall 30   Einspruchsverfahren, Fristberechnung   88

Fall 31   Einspruchsverfahren, Festsetzungsverjährung   90

Fall 32   Einspruchsverfahren, Beschwer, Befugnis   92

Fall 33   Einspruchsverfahren, Beschwer, Befugnis, Hinzuziehung   94

Fall 34   Einspruchsverfahren, Empfangsvollmacht, Befugnis; Einspruch
             gegen Änderungsbescheid   97

Fall 35   Einspruchsverfahren, wirtschaftliche Betrachtung, Bekanntgabe,
             Nichtigkeit   102

Fall 36   Einspruchsverfahren, Korrektur   105

Fall 37   Einspruchsverfahren, Feststellungsbescheid, Stundung, Aussetzung
             der Vollziehung   107

Fall 38   Einspruchsverfahren bei Rechtsnachfolge   109

Fall 39   Einspruchsverfahren, § 351 Abs. 1 AO   111

Fall 40   Einspruchsverfahren, § 351 Abs. 2 AO   113

Stichwortverzeichnis   117

LITERATURHINWEISE

Lehrbücher

Andrascek-Peter/Braun/Friemel/Schiml, Lehrbuch Abgabenordnung, 20. Aufl., Herne 2016

Ax/Große/Melchior, Abgabenordnung und Finanzgerichtsordnung, 20. Aufl., Stuttgart 2010

Jakob, Abgabenordnung, 5. Aufl., München 2010

Lammerding, Abgabenordnung und FGO, 16. Aufl., Achim 2012

Fallsammlungen

Heinke/Merkel/Merkel, Abgabenordnung, Steuer-Seminar, 10. Aufl., Achim 2013

Weitere Lernmedien

Kommentare

König/Cöster/Intemann/Pahlke/Fritsch, Abgabenordnung, 3. Auflag., München 2014

Hübschmann/Hepp/Spitaler, Kommentar zur AO und FGO, Loseblatt Köln

Klein, Kommentar zur AO, 13. Aufl., München 2016

Kühn/von Wedelstädt, Kommentar zur AO und FGO, 21. Aufl., Stuttgart 2015

Tipke/Kruse, Kommentar zur AO und FGO, Loseblatt Köln

Textausgaben

Wichtige Steuergesetze, NWB-Textausgabe (mit AO), 66. Aufl., Herne 2017

ABKÜRZUNGSVERZEICHNIS

A

a. A.	anderer Ansicht
Abs.	Absatz
AEAO	Anwendungserlass zur AO
AktG	Aktiengesetz
AO	Abgabenordnung
Art.	Artikel

B

BewG	Bewertungsgesetz
BFH	Bundesfinanzhof
BFH/NV	Sammlung amtlich nicht veröffentlichter Entscheidungen des Bundesfinanzhofs
BGB	Bürgerliches Gesetzbuch
BpO 2000	Betriebsprüfungsordnung
BStBl	Bundessteuerblatt
BVerfGG	Bundesverfassungsgerichtsgesetz
ESt	Einkommensteuer
EStDV	Einkommensteuer-Durchführungsverordnung
EStG	Einkommensteuergesetz

F

FA	Finanzamt
FGO	Finanzgerichtsordnung
FVG	Finanzverwaltungsgesetz

G

GbR	Gesellschaft bürgerlichen Rechts
GewO	Gewerbeordnung
GewStG	Gewerbesteuergesetz
GG	Grundgesetz
GmbHG	Gesetz betreffend die Gesellschaften mit beschränkter Haftung
GrEStG	Grunderwerbsteuergesetz
GVG	Gerichtsverfassungsgesetz

H

HGB	Handelsgesetzbuch

I

i. S. d.	im Sinne des
i. S. v.	im Sinne von
i. V. m.	in Verbindung mit
InsO	Insolvenzordnung

K

KG	Kommanditgesellschaft
KiSt	Kirchensteuer
KStG	Körperschaftsteuergesetz
KStR	Körperschaftsteuer-Richtlinien

N

NWB	Zeitschrift

O

OFD	Oberfinanzdirektion
OHG	offene Handelsgesellschaft

P

PartGG	Partnerschaftsgesellschaftsgesetz

R

Rdn.	Randnummer

S

StBerG	Steuerberatungsgesetz
StGB	Strafgesetzbuch
Stpfl.	Steuerpflichtiger
StPO	Strafprozessordnung

U

ü. M.	üblicher Meinung
USt	Umsatzsteuer
UStG	Umsatzsteuergesetz

V

VA	Verwaltungsakt
VwZG	Verwaltungszustellungsgesetz

Z

ZPO	Zivilprozessordnung

Kapitel 1: Zuständigkeit

Örtliche Zuständigkeit

Sachverhalt: Die Eheleute Dr. Berta und Bernd Blum werden zur Einkommensteuer zusammen veranlagt. Sie wohnen in einer gemieteten Wohnung in Schweinfurt und sind gemeinsam Eigentümer eines in Schweinfurt gelegenen Mietwohngrundstücks sowie eines größeren Wertpapierdepots.

Bernd Blum betreibt in gemieteten Räumen mit zwei Angestellten in Schweinfurt ein Blumengeschäft. Er ist als Kommanditist an der Würzburger Blumenvertriebs KG mit Sitz in Würzburg beteiligt.

Dr. Berta Blum ist als Fachärztin in einer angemieteten Praxis in Bad Kissingen freiberuflich tätig; sie beschäftigt mehrere Angestellte.

AUFGABE:

1. Welche Finanzämter sind für die Anmeldung und Abführung der Lohnsteuer durch die Ehegatten Blum örtlich zuständig?

2. Welches Finanzamt ist für die Umsatzsteuer von Bernd Blum örtlich zuständig?

3. Welche Feststellungsbescheide müssen als Grundlagenbescheide für die Einkommensteuerveranlagung der Eheleute Blum ergehen und welche Finanzämter sind hierfür örtlich zuständig?

4. Welches Finanzamt ist für die Besteuerung des Einkommens der Eheleute Blum örtlich zuständig?

LITERATURHINWEIS

Lehrbuch Abgabenordnung, Rdn. 85–87, 89–92, 94

LÖSUNG

1. Nach § 17 AO i.V.m. § 41a Abs. 1 Satz 1 Nr. 1 EStG ist für die Anmeldung und Abführung der **Lohnsteuer** das Finanzamt örtlich zuständig, in dessen Bezirk sich die Betriebsstätte befindet **(Betriebsstättenfinanzamt)**.
   Als Betriebsstätte gilt im Lohnsteuerrecht der Betrieb oder Teil eines Betriebes des Arbeitgebers, in dem der für die Durchführung des Lohnsteuerabzugs maßgebende Arbeitslohn ermittelt wird (§ 41 Abs. 2 EStG).

Örtlich zuständig für die Anmeldung und Abführung der Lohnsteuer für die Arbeitnehmer

- des Bernd Blum ist daher das Betriebsstättenfinanzamt Schweinfurt,
- der Berta Blum ist dagegen das Betriebsstättenfinanzamt Bad Kissingen.

(Siehe auch *Lehrbuch Abgabenordnung*, Rdn. 85)

2. Für die **Umsatzsteuer** ist nach § 21 Abs. 1 Satz 1 AO das Finanzamt örtlich zuständig, von dessen Bezirk aus der Unternehmer sein Unternehmen ganz oder vorwiegend betreibt. Dieses Finanzamt wird als **„Unternehmensfinanzamt"** bezeichnet.

(Siehe auch *Lehrbuch Abgabenordnung*, Rdn. 94)

Örtlich zuständig für die Umsatzsteuer des Unternehmers Bernd Blum ist das Unternehmensfinanzamt Schweinfurt.

3. Einzelne Besteuerungsgrundlagen (vgl. § 199 Abs. 1 AO) werden durch Feststellungsbescheid **gesondert** festgestellt, soweit dies gesetzlich vorgeschrieben ist (§ 179 Abs. 1 AO). Ist der Gegenstand der Feststellung mehreren Personen zuzurechnen, ergeht die gesonderte Feststellung **einheitlich** für alle Feststellungsbeteiligten (§ 179 Abs. 2 Satz 2 AO). Da die Feststellungsbescheide für die Festsetzung der Steuern bindend sind (vgl. § 182 Abs. 1 AO), werden die Feststellungsbescheide als **Grundlagenbescheide** bezeichnet (vgl. § 171 Abs. 10 Satz 1 AO).

Für die **Einkommensteuer** werden die Einkünfte gesondert und gegebenenfalls einheitlich festgestellt, wenn die Voraussetzungen des § 180 Abs. 1 Nr. 2 AO vorliegen. Welche Finanzämter für die gesonderten Feststellungen nach § 180 AO örtlich zuständig sind, bestimmt § 18 AO.

Danach müssen für die **Einkommensteuer** der Ehegatten Blum folgende **Feststellungsbescheide** als Grundlagenbescheide von den angeführten örtlich zuständigen Finanzämtern ergehen:

a) **Würzburger Blumenvertriebs KG**

Gesonderte und einheitliche Feststellung der Einkünfte aus Gewerbebetrieb (§§ 15 Abs. 1 Satz 1 Nr. 1 EStG, 179 Abs. 2 Satz 2, 180 Abs. 1 Nr. 2a AO) durch das **Betriebsfinanzamt** Würzburg (§ 18 Abs. 1 Nr. 2 AO).

b) **Arztpraxis in Bad Kissingen**

Gesonderte Feststellung der Einkünfte aus freiberuflicher Tätigkeit (§§ 18 Abs. 1 Nr. 1 EStG, 180 Abs. 1 Nr. 2b AO,) durch das **„Finanzamt der Berufstätigkeit"** Bad Kissingen (§ 18 Abs. 1 Nr. 3 AO).

c) **Wertpapierdepot**

Gesonderte und einheitliche Feststellung der Einkünfte aus Kapitalvermögen (§§ 20 Abs. 1 Nr. 1 EStG, 179 Abs. 2 Satz 2, 180 Abs. 1 Nr. 2a AO) durch das **„Verwaltungsfinanzamt"** Schweinfurt (§ 18 Abs. 1 Nr. 4 AO).

d) **Mietwohngrundstück in Schweinfurt**

Gesonderte und einheitliche Feststellung der Einkünfte aus Vermietung und Verpachtung (§§ 21 Abs. 1 Satz 1 Nr. 1 EStG, 179 Abs. 2 Satz 2, 180 Abs. 1 Nr. 2a AO) durch das **„Verwaltungsfinanzamt"** Schweinfurt (§ 18 Abs. 1 Nr. 4 AO).

Da die Ehegatten zusammen veranlagt werden und ihre Einkünfte aus dem Wertpapierdepot und dem Mietwohngrundstück verhältnismäßig einfach zu ermitteln sind und die Aufteilung feststeht, handelt es sich um einen Fall von geringer Bedeutung, so dass insoweit die gesonderte und einheitliche Feststellung entfällt (§ 180 Abs. 3 Nr. 2 AO, AEAO zu § 180 Nr. 4). (Siehe auch *Lehrbuch Abgabenordnung*, Rdn. 86 f.)

4. Für die Besteuerung natürlicher Personen nach dem Einkommen ist das **Wohnsitzfinanzamt** örtlich zuständig (§§ 19, 8 AO). Die Veranlagungen der Eheleute Blum zur Einkommensteuer sind vom Wohnsitzfinanzamt Schweinfurt durchzuführen. (Siehe auch *Lehrbuch Abgabenordnung*, Rdn. 89–92)

Gesonderte Feststellung von Besteuerungsgrundlagen, sachliche Zuständigkeit, Wechsel der örtlichen Zuständigkeit, Folgen der örtlichen Unzuständigkeit, Gebundene Verwaltungsakte und Ermessensverwaltungsakte

FALL 2

Sachverhalt: Angela Auer behielt ihren Wohnsitz in Erlangen auch nach ihrer dortigen Ausbildung bei. Nach Ablegung der Prüfung ließ sie sich im Mai 01 in Fürth als Rechtsanwältin nieder, was sie dem örtlich zuständigen Finanzamt Erlangen anzeigte (§§ 138 Abs. 1 Satz 3, 19 Abs. 1 Satz 1 AO). Am 10. 10. 03 zog sie von Erlangen nach Fürth und teilte dies am 15. 10. 03 telefonisch dem zuständigen Bearbeiter im Finanzamt Fürth mit.

Die Einkommensteuererklärung für 02 hatte Frau Auer erst im August 03 beim Finanzamt Erlangen abgegeben. Den Einkommensteuerbescheid für 01 erhielt sie am 30. 10. 03 vom Finanzamt Erlangen. Darin war die Einkommensteuer auf 6 000 € festgesetzt worden; die am 30. 11. 03 fällige Abschlusszahlung betrug 6 000 €.

Dagegen legte Frau Auer am 15. 11. 03 Einspruch beim Finanzamt Erlangen ein mit dem Hinweis „Begründung folgt" und bat um Stundung der Abschlusszahlung.

Einspruch und Stundungsantrag wurden am 15. 1. 04 vom Finanzamt Erlangen zurückgewiesen.

AUFGABE:

1. Wann ging die Zuständigkeit für die Besteuerung nach dem Einkommen vom Finanzamt Erlangen auf das Finanzamt Fürth über?

2. Ist der Gewinn aus der Rechtsanwaltstätigkeit für das Jahr 02 gesondert festzustellen?

3. Welches Finanzamt hat

   a) über den Antrag auf Stundung bzw.

b) über den Einspruch zu entscheiden?

4. Welche Rechtsfolgen hat es, wenn das örtlich **nicht** zuständige Finanzamt – sachlich richtig –

a) über den Stundungsantrag bzw.

b) über den Einspruch entscheidet?

LITERATURHINWEIS

Lehrbuch Abgabenordnung, Rdn. 85, 101–105, 209 ff., 229, 232, 298 f., 848

LÖSUNG

1. Für die Besteuerung der Angela Auer nach dem Einkommen war zunächst das Finanzamt Erlangen als **Wohnsitzfinanzamt** örtlich zuständig (§§ 19 Abs. 1 Satz 1, 8 AO). Durch den Umzug haben sich die Verhältnisse, welche für die Bestimmung der örtlichen Zuständigkeit bedeutsam sind, geändert. Zuständig für die Einkommensteuer ist damit das Wohnsitzfinanzamt Fürth. Der Zuständigkeits**wechsel** tritt nach § 26 Satz 1 AO jedoch nicht bereits mit Veränderung der Umstände, sondern erst dann ein, wenn eine der Finanzbehörden davon erfährt. Da Angela Auer dem zuständigen Bearbeiter im Finanzamt Fürth am 15.10.03 ihren Wohnsitzwechsel mitteilte, ging die örtliche Zuständigkeit nicht mit dem Umzug am 10.10., sondern erst am 15.10.03 vom Finanzamt Erlangen auf das Finanzamt Fürth über.
(Siehe auch *Lehrbuch Abgabenordnung*, Rdn. 102 f.)

2. Die tatsächlichen und rechtlichen Verhältnisse, die für die Bemessung der Steuer maßgebend sind, „die Besteuerungsgrundlagen" (vgl. § 199 Abs. 1 AO), z. B. die Einkünfte aus den einzelnen Einkunftsarten, bilden grundsätzlich einen mit Rechtsbehelfen nicht selbständig anfechtbaren Teil des Steuerbescheides (§ 157 Abs. 2 AO). Abweichend von § 157 Abs. 2 AO werden jedoch Besteuerungsgrundlagen in gesetzlich bestimmten Fällen durch Feststellungsbescheid „gesondert" festgestellt (§ 179 Abs. 1 AO) und sind dann durch Einspruch (§ 347 Abs. 1 Nr. 1 AO) selbständig anfechtbar.

Nach §§ 18 Abs. 1 Nr. 1 EStG, 180 Abs. 1 Nr. 2b AO sind die Einkünfte aus freiberuflicher Tätigkeit „**gesondert**" festzustellen, wenn nach den Verhältnissen zum Schluss des Gewinnermittlungszeitraumes das für die gesonderte Feststellung zuständige Finanzamt nicht auch für die Einkommensteuer zuständig ist. Angela Auer erzielte als Rechtsanwältin im Jahr 02 **Einkünfte aus freiberuflicher** Tätigkeit (§§ 2 Abs. 1 Nr. 3, 18 Abs. 1 Nr. 1 EStG). Für die **Feststellung der Einkünfte** aus freiberuflicher Tätigkeit ist das Finanzamt Fürth örtlich zuständig, weil Angela Auer in Fürth ihren Beruf als Rechtsanwältin ausübt (§ 18 Abs. 1 Nr. 3 AO).

Da für die **Einkommensteuer** von Angela Auer bis zum 15.10.03 das Wohnsitzfinanzamt **Erlangen** örtlich zuständig war und für die erforderliche gesonderte Feststellung die Verhältnisse zum Schluss des Kalenderjahres 02 maßgeblich sind, müsste der Gewinn aus der Rechtsanwaltstätigkeit daher für das Jahr 02 gesondert festgestellt werden (§§ 179 Abs. 1, 180 Abs. 1 Nr. 2b AO), wofür das Finanzamt Fürth zuständig wäre.

Nachdem aber Frau Auer ihren Wohnsitz nach Ablauf des Feststellungszeitraumes in den Bereich des Finanzamtes ihrer freiberuflichen Tätigkeit verlegt hat und dieses damit auch für die Einkommensteuerveranlagung zuständig geworden ist, liegt ein Fall von geringer Bedeutung nach § 180 Abs. 3 Satz 1 Nr. 2 Satz 2 AO vor (vgl. auch AEAO zu § 180 Nr. 4 Abs. 2).
(Siehe auch *Lehrbuch Abgabenordnung*, Rdn. 229, 232)

3.

a) Das seit 15.10.03 für die Besteuerung vom Einkommen örtlich zuständige Finanzamt Fürth hat auch über den Antrag auf Stundung der Einkommensteuerabschlusszahlung für 02 vom 15.11.03 zu entscheiden.

b) Nach § 367 Abs. 1 Satz 1 AO entscheidet über den Einspruch die Behörde, die den Verwaltungsakt erlassen hat. Nach § 367 Abs. 1 Satz 2 AO bewirkt ein Zuständigkeitswechsel auch einen Wechsel in der Entscheidung über den Einspruch. Da das Finanzamt Fürth seit 15.10.03 umfassend – also auch für frühere Jahre – für die Einkommensteuer örtlich zuständig ist, hat es auch über den Einspruch zu entscheiden (vgl. AEAO zu § 367 Nr. 1 Satz 1).
(Siehe auch *Lehrbuch Abgabenordnung*, Rdn. 848)

4. Aus § 125 Abs. 3 Nr. 1 AO ergibt sich, dass die Verletzung der Vorschriften über die örtliche Zuständigkeit nicht zur Nichtigkeit eines Verwaltungsaktes führt. Ergänzend regelt § 127 AO, dass allein wegen eines Verstoßes gegen die Vorschriften über die örtliche Zuständigkeit die Aufhebung eines Verwaltungsaktes nicht verlangt werden kann, „wenn keine andere Entscheidung in der Sache hätte getroffen werden können".

a) Nach § 222 AO **„können"** Ansprüche aus dem Steuerschuldverhältnis (§ 37 AO) gestundet werden. Das Finanzamt wird also ermächtigt, „nach pflichtgemäßem Ermessen" (§ 5 AO) – man spricht daher vom **Ermessensverwaltungsakt** – über Stundungsanträge zu entscheiden. Die Finanzbehörde kann die Stundung nicht nur gewähren oder ablehnen, sondern „kann" auch über Betrag, Dauer, Zinspflicht (vgl. § 234 AO), Sicherheitsleistung (§ 222 Satz 2 AO) und etwaige Nebenbestimmungen (§ 120 Abs. 2 AO) abweichend vom Antrag entscheiden. Das zeigt deutlich, dass verschiedene Entscheidungen über den Stundungsantrag getroffen werden können. Entscheidet also ein örtlich unzuständiges Finanzamt über einen Stundungsantrag, so ist – bei zulässigem Einspruch (§§ 347 ff., 358 AO) – die fehlerhafte Stundung aufzuheben.

b) Hingegen ergibt sich aus §§ 85, 155 Abs. 1 AO, dass die Finanzbehörden die Steuern nach Maßgabe der Gesetze durch Steuerbescheid „festzusetzen haben". An die Entscheidungen des Gesetzgebers sind die Finanzämter „gebunden". Man spricht daher von **„gebundenen Verwaltungsakten"**, wenn – auch von einem anderen Finanzamt – „keine andere Entscheidung in der Sache getroffen werden kann". Da Steuerbescheide gebundene Verwaltungsakte sind, gilt dies auch für Steuerbescheide „in der Gestalt von Einspruchsentscheidungen". Nach § 127 AO kann daher allein wegen einer Verletzung der Vorschriften über die örtliche Zuständigkeit **nicht** die Aufhebung einer Einspruchsentscheidung beansprucht werden.
(Siehe auch *Lehrbuch Abgabenordnung*, Rdn. 104 f., 209 ff., 298 f.)

Kapitel 2: Steuergeheimnis

Steuergeheimnis

Sachverhalt: Im Sommer 06 wurde bei der Straßer Straßenbau OHG eine Außenprüfung für die Jahre 01–03 durchgeführt. Die Gesellschafter Hubert Straßer und Edwin Bauer nahmen an der Schlussbesprechung teil. Dabei wurde vom Außenprüfer angesprochen, dass ein Arbeitnehmer der OHG im Jahresdurchschnitt wöchentlich ca. 10 Stunden im Garten des von dem Gesellschafter Straßer bewohnten Einfamilienhauses gearbeitet hat. Ferner erklärte der Prüfer in der Schlussbesprechung, er habe ermittelt, dass dem Gesellschafter Bauer neben den erklärten Einkünften aus Kapitalvermögen weitere 14 800 € an Zinsen aus privaten Festgeldanlagen zugeflossen seien.

AUFGABE:

1. Hat der Prüfer das Steuergeheimnis verletzt?

2. Welche Folgen kann die Verletzung des Steuergeheimnisses gegebenenfalls für den Prüfer haben?

LITERATURHINWEIS

Lehrbuch Abgabenordnung, Rdn. 51 ff.

LÖSUNG

1. Der Prüfer hat das Steuergeheimnis verletzt, wenn er als Amtsträger ihm dienstlich bekannt gewordene Verhältnisse eines anderen unbefugt offenbart (§ 30 AO).

   a) Der Prüfer ist unabhängig davon, ob er Beamter (§ 7 Nr. 1 AO) ist oder als Angestellter im Auftrag des Finanzamtes Aufgaben der öffentlichen Verwaltung wahrnimmt (§ 7 Nr. 3 AO), Amtsträger nach § 30 Abs. 1 AO (vgl. auch AEAO zu § 7 Nr. 3).

   b) In der Schlussbesprechung kamen durch den Betriebsprüfer Verhältnisse eines anderen – nämlich die Tätigkeit eines Arbeitnehmers der OHG im Garten des Gesellschafters Straßer und die Zinseinnahmen des Bauer – zur Sprache (vgl. § 30 Abs. 2 Nr. 1 AO).

   c) Diese Verhältnisse hat der Prüfer in einem Verfahren zur Durchführung der Besteuerung, nämlich der Außenprüfung, erfahren (vgl. § 30 Abs. 2 Nr. 1a AO).

d) Der Prüfer hat die Tätigkeit des Arbeitnehmers der OHG im Garten des Straßer und die Zinseinnahmen des Bauer in Anwesenheit des jeweils anderen Gesellschafters erörtert, also diesem gegenüber offenbart.

e) Fraglich ist, inwieweit die Offenbarung der Verhältnisse unbefugt erfolgte (§ 30 Abs. 4 AO).

Offenbarung der Tätigkeit eines Arbeitnehmers der OHG im Garten des Straßer:
Die Offenbarung ist zulässig, weil sie der Durchführung eines Verwaltungsverfahrens in Steuersachen dient (§ 30 Abs. 4 Nr. 1, Abs. 2 Nr. 1a AO). Sie erfolgte in der Schlussbesprechung im Rahmen der Erörterung des auch gegenüber dem anderen Gesellschafter „einheitlich" (vgl. § 179 Abs. 2 Satz 2 AO) festzustellenden Gewinns (§§ 15 Abs. 1 Satz 1 Nr. 2 EStG, 180 Abs. 1 Nr. 2a AO).

Offenbarung der Zinseinnahmen:
Die Zinseinnahmen betreffen nur die Einkommensteuerfestsetzung des Gesellschafters Bauer und nicht den Gewinn der Gesellschaft. Die Offenbarung gegenüber dem anderen Gesellschafter erfolgte unbefugt, weil sie nicht durch die Außenprüfung als Verfahren zur Durchführung der Besteuerung gedeckt war.

Durch die Offenbarung der Zinseinnahmen des Steuerpflichtigen Bauer in der Schlussbesprechung verletzte der Prüfer das Steuergeheimnis.

2.

a) Die Verletzung des Steuergeheimnisses kann nach § 355 StGB mit Freiheitsstrafe bis zu 2 Jahren oder mit Geldstrafe bestraft werden.

b) Ferner kann die Verletzung des Steuergeheimnisses Schadensersatzansprüche gegenüber dem Staat (und im Rückgriff gegenüber dem Prüfer auslösen (Art: 34 GG, § 839 BGB).

c) Darüber hinaus drohen dem Prüfer disziplinarrechtliche Folgen, sofern er Beamter ist.

Steuergeheimnis, Begriff des Verwaltungsaktes

FALL 4

Sachverhalt: Der Schrotthändler Robert Schott kam seinen steuerlichen Zahlungsverpflichtungen stets nur zögernd nach. Das zuständige Finanzamt musste regelmäßig Steuerschulden beitreiben.

Die Einkommensteuerfestsetzung 01 vom Juli 03 betrug 36 000 €. Die im August 03 fällige Abschlusszahlung in Höhe von 6 000 € hatte Schott bisher nicht entrichtet.

Die Umsatzsteuererklärung für das Jahr 01 war im Mai 03 abgegeben worden. Die angemeldete Umsatzsteuer 01 betrug 28 000 €; Schott hat die von ihm errechnete Abschlusszahlung in Höhe von 4 000 € nicht überwiesen.

Im Oktober 03 fand bei Schott eine Lohnsteuerprüfung statt. Auf Grund seiner Anmeldungen entrichtete Schott monatlich ca. 2 000 € Lohnsteuer. Durch Haftungsbescheid vom 3. 11. 03, der unanfechtbar wurde, forderte das Finanzamt für die Jahre 02 und 03 Lohnsteuer in Höhe von 2 400 € mit Fälligkeit am 6. 12. 03 nach.

Schott beglich auch die Haftungsschuld nicht. Mit Schreiben vom 2. 2. 04 teilte Steuerinspektorin Hart daher der zuständigen Gewerbeaufsichtsbehörde mit, Schott habe Steuerschulden in Höhe von 12 400 €, und regte den Widerruf der gewerberechtlichen Erlaubnis an. Daraufhin wurde Schott die Gewerbeerlaubnis gem. § 35 GewO entzogen.

AUFGABE:

1. Hat Steuerinspektorin Juliane Hart durch ihre Mitteilung an die Gewerbeaufsichtsbehörde das Steuergeheimnis verletzt?

2. Ist die Mitteilung an die Gewerbeaufsichtsbehörde ein Verwaltungsakt?

LITERATURHINWEIS

Lehrbuch Abgabenordnung, Rdn. 57 ff., 201

LÖSUNG

1. Steuerinspektorin Hart hat das Steuergeheimnis verletzt, wenn sie als Amtsträgerin ihr dienstlich bekannt gewordene Verhältnisse eines anderen unbefugt offenbart hat (§ 30 AO).

   Steuerinspektorin Hart hat

   – als Amtsträgerin (§ 7 Nr. 1 AO)

   – ihr im Vollstreckungsverfahren, einem Verwaltungsverfahren i. S. d. § 30 Abs. 2 Nr. 1a AO, bekannt gewordene

   – Verhältnisse, nämlich die Steuerschulden,

   – des Schott, also eines anderen, offenbart.

   Zu prüfen ist, ob die Offenbarung der Steuerschulden an die Gewerbeaufsichtsbehörde **unbefugt** erfolgte (§ 30 Abs. 4 AO).

   a) Die Offenbarung ist nach § 30 Abs. 4 Nr. 1, Abs. 2 Nr. 1a AO zulässig, wenn sie der Durchführung eines Verwaltungsverfahrens in Steuersachen dient. Diese Vorschrift soll sicherstellen, dass die Finanzbehörden bei der Erfüllung ihrer Aufgaben nicht durch das Steuergeheimnis behindert werden. Die Regelung ermächtigt aber die Finanzbehörden nicht, den Gewerbebehörden im Rahmen eines gewerberechtlichen Untersagungsverfahrens Auskünfte zu erteilen. Denn durch das gewerberechtliche Untersagungsverfahren werden keine steuerlichen Befugnisse wahrgenommen und durchgesetzt.

   Für die Offenbarungsbefugnis des § 30 Abs. 4 Nr. 1 AO reicht es nicht aus, dass die Gewerbeuntersagung den Finanzbehörden ihre Aufgaben erleichtert. Denn die Durchbrechung des Steuergeheimnisses erfordert einen **unmittelbaren Zusammenhang** zwischen der Offenbarung und einem Verwaltungsverfahren in Steuersachen. Die Mitteilung der Schulden belegt die „Unzuverlässigkeit" i. S. d. § 35 GewO und dient damit dem eigenständigen wirtschaftsverwaltungsrechtlichen Gewerbeuntersagungsverfahren, also allenfalls mittelbar einem Verwaltungsverfahren in Steuersachen (BFH v. 10. 2. 1987 VII R 77/84, BStBl II 1987, 545).

Aufgrund von § 30 Abs. 4 Nr. 1 AO war Steuerinspektorin Hart daher nicht befugt, die Steuerrückstände des Schott der Gewerbeaufsichtsbehörde mitzuteilen.

b) Auch aus § 30 Abs. 4 Nr. 2 AO ergibt sich keine Offenbarungsbefugnis, da eine gesetzliche Vorschrift mit einer ausdrücklichen Regelung zur Mitteilung steuerrechtlicher Verhältnisse an Gewerbeuntersagungsbehörden nicht existiert. Nach § 153a Abs. 1 GewO ist es den Finanzämtern nur gestattet, dem Gewerbezentralregister die einzutragenden Entscheidungen, Feststellungen und Tatsachen mitzuteilen, ohne das Steuergeheimnis zu verletzen.

c) Die Befugnis zur Offenbarung könnte sich aus § 30 Abs. 4 Nr. 5 AO ergeben.

Voraussetzung ist jedoch ein **zwingendes öffentliches Interesse** an der Offenbarung. Im Falle des Unterbleibens der Mitteilung muss die Gefahr bestehen, dass schwere Nachteile für das allgemeine Wohl des Bundes, eines Landes oder einer anderen öffentlich-rechtlichen Körperschaft eintreten, wie sich aus der Gewichtigkeit der in § 30 Abs. 4 Nr. 5 AO angeführten Beispiele ergibt. Insbesondere ist § 30 Abs. 4 Nr. 5 Buchst. b AO zu entnehmen, dass eine Auskunftserteilung wegen zwingendem öffentlichem Interesse zulässig sein muss, wenn die Gefahr einer erheblichen Störung der wirtschaftlichen Ordnung oder die Gefahr der Erschütterung des Vertrauens der Allgemeinheit auf die Redlichkeit des Geschäftsverkehrs zu besorgen ist. Die Gewerbeausübung ist nach § 35 GewO zu untersagen, wenn dies aufgrund der Unzuverlässigkeit des Gewerbetreibenden zum Schutze der Allgemeinheit erforderlich ist. Diese Voraussetzung liegt auch bei steuerlicher Unzuverlässigkeit vor. Denn ein Gewerbetreibender, der seine Steuern nicht entrichtet, verschafft sich gegenüber der Allgemeinheit Wettbewerbsvorteile im Verhältnis zu den steuerlich zuverlässigen Mitbewerbern. Da die in diesen Fällen im öffentlichen Interesse gebotene Gewerbeuntersagung eine Information durch die Finanzbehörden zwingend voraussetzt, muss die Offenbarung in derartigen Fällen zulässig sein (BFH v. 10. 2. 1987 VII R 77/84, BStBl II 1987, 545).

Die Mitteilungsbefugnis beschränkt sich jedoch auf Tatsachen, aus denen sich eine Unzuverlässigkeit i. S. d. § 35 GewO ergibt. Ein zwingendes öffentliches Interesse an der Offenbarung von Steuerrückständen gegenüber den Gewerbebehörden liegt demnach nur vor, soweit es sich um **Steuern** handelt, **die mit der Ausübung des Gewerbebetriebes in Zusammenhang stehen,** also insbesondere bei der Lohnsteuer und der Umsatzsteuer. Hingegen kommt eine Offenbarung der Einkommensteuerrückstände nur in Betracht, wenn die Nichtentrichtung dieser Steuern dafür ursächlich ist, dass der Gewerbetreibende seine Preise günstiger kalkuliert als seine Mitbewerber und sich auf diese Weise Wettbewerbsvorteile verschafft (BFH v. 10. 2. 1987 VII R 77/84, BStBl II 1987, 545).

Ferner ist zu beachten, dass von einer steuerlichen Unzuverlässigkeit, die aus zwingenden Gründen des öffentlichen Interesses die Durchbrechung des Steuergeheimnisses rechtfertigt, nur dann die Rede sein kann, wenn die bestehenden **Steuerrückstände** sowohl ihrer absoluten **Höhe nach** als auch im Verhältnis zur steuerlichen Gesamtbelastung des Gewerbetreibenden **von Gewicht sind.** Hierbei ist auch die Zeitdauer zu berücksichtigen, während derer der Gewerbetreibende seinen steuerlichen Verpflichtungen nicht nachgekommen ist.

Demnach kam im vorliegenden Fall die Mitteilung der Lohn- und Umsatzsteuerschulden sowie auch mangels anderer Einkunftsquellen (der Einkommensteuerrückstände an die Gewerbeaufsichtsbehörde wegen zwingendem öffentlichem Interesse nach § 30 Abs. 4 Nr. 5 AO) grundsätzlich in Betracht.

Aufgrund der

– nicht allzu großen absoluten Höhe der Steuerschulden (12 400 €)

– sowie der im Verhältnis zur steuerlichen Gesamtbelastung des Schott geringen Höhe der Steuerschulden (ca. 1/7 der Jahressteuerschuld)

– und der noch nicht übermäßig langen Zeitdauer seit Fälligkeit

liegen jedoch bei Anwendung der vom Bundesfinanzhof (BFH v. 10. 2. 1987, a. a. O.) entwickelten Grundsätze die Voraussetzungen für die Zulässigkeit einer Offenbarung der Steuerschulden des Robert Schott an die Gewerbeaufsichtsbehörde nach § 30 Abs. 4 Nr. 5 AO **nicht** vor.

Steuerinspektorin Hart hat daher durch die Mitteilung der Steuerrückstände an die Gewerbeaufsichtsbehörde das Steuergeheimnis verletzt.

2. Verwaltungsakt ist jede hoheitliche Maßnahme, die eine Behörde zur Regelung eines Einzelfalles auf dem Gebiet des öffentlichen Rechts trifft und die auf unmittelbare Rechtswirkung nach außen gerichtet ist (§ 118 AO).

Maßnahme ist jedes willentliche Verhalten eines Amtsträgers i. S. d. § 7 AO, also auch die Offenbarung der Steuerrückstände.

Es handelt sich auch um eine **hoheitliche** Maßnahme, da der Bürger im Gewerbeuntersagungsverfahren (wie auch im steuerlichen Vollstreckungsverfahren) einseitig dem Staat untergeordnet ist.

Auch wurde eine Stelle tätig, die Aufgaben der öffentlichen Verwaltung wahrnimmt, also eine **Behörde.**

Die Mitteilung der Steuerrückstände durch das Finanzamt an die Gewerbeaufsichtsbehörde enthält jedoch keine **„Regelung".** Denn durch die Mitteilung werden weder Rechte noch Pflichten begründet, umgestaltet oder aufgehoben.

Die Mitteilung der Steuerrückstände durch das Finanzamt an die Gewerbeaufsichtsbehörde ist daher **kein Verwaltungsakt** (Schott muss daher **Feststellungsklage** beim Finanzgericht gemäß § 41 Abs. 1 FGO erheben, wenn er sich gegen die Verletzung des Steuergeheimnisses wenden will; vgl. BFH v. 10. 2. 1987 VII R 77/84, BStBl II 1987, 545; v. 23. 11. 1993 VII R 56/93, BStBl II 1994, 356, und v. 29. 7. 2003, VII R 39, 42/02, BStBl II 2003, 828).

Kapitel 3: Auskunftsverweigerungsrechte

Auskunftsverweigerungsrechte, Befugnisse der Steuerfahndung, Schutz von Bankkunden

FALL 5

Sachverhalt: Kaufmann Karl Kaspar betreibt den Import und Export von Textilien. In seinen Geschäftsräumen erscheint ein Beamter der Steuerfahndung, der sich ordnungsgemäß ausweist. Er erklärt, dass beim Finanzamt ein Hinweis eingegangen sei, nach dem Kaspar gelegentlich auch als Grundstücksmakler tätig sei.

Bisher sei ein Strafverfahren nicht eingeleitet. Er habe den Auftrag, dem Hinweis im Besteuerungsverfahren nachzugehen. Er wolle die Buchführungsunterlagen und Belege durchsehen und die Geschäfts- und Wohnräume besichtigen.

Kaspar stellt dem Fahnder seine (mit ihm zusammen veranlagte) Frau vor, die bei ihm als Arbeitnehmerin tätig ist und die Buchhaltung führt. Daraufhin bittet der Fahnder Frau Kaspar um Auskunft zu einzelnen Geschäftsvorfällen.

Kaspar verständigt unverzüglich telefonisch seinen Steuerberater, bei dem sich auch Geschäftsbücher und Belege des Kaspar befinden.

AUFGABE:

1. Kann Kaspar die Vorlage einer Prüfungsanordnung verlangen?

2. Muss Kaspar Einblick in die Buchführungsunterlagen gewähren?

3. Muss Kaspar dem Fahnder das Betreten der Betriebs- und Wohnräume gestatten?

4. Kann Kaspar die Auskunft verweigern?

5. Kann Frau Kaspar die Auskunft verweigern?

6. Ist der Steuerberater dem Fahnder zur Auskunft verpflichtet?

7. Muss der Steuerberater dem Fahnder die Geschäftsbücher und Unterlagen des Kaspar herausgeben?

8. Darf der Steuerfahnder von der Bank des Kaspar Auskünfte über dessen Konto verlangen, ohne Kaspar vorher zu befragen?

LITERATURHINWEIS

Lehrbuch Abgabenordnung, Rdn. 152 ff., 162 f., 170 f., 721

LÖSUNG

1. Der Fahnder führt im Besteuerungsverfahren Ermittlungen zur Aufdeckung unbekannter Steuerfälle durch (§ 208 Abs. 1 Nr. 3 AO). Aufgrund des Hinweises besteht ein hinreichender Anlass zum Tätigwerden aufgrund allgemeiner Erfahrung (BFH v. 7. 8. 1990 VII R 106/89, BStBl II 1990, 1010). Die Fahndungsbeamten haben dabei die Befugnisse, die den Finanzämtern allgemein im Besteuerungsverfahren zustehen (§ 208 Abs. 1 Satz 2 AO); nach § 208 Abs. 1 Satz 3 AO gelten allerdings verschiedene Einschränkungen nicht. Da der Fahnder keine Außenprüfung durchführt, kann Kaspar nicht die Vorlage einer **Prüfungsanordnung** (§§ 196, 197 AO) verlangen.

2. Gemäß §§ 208 Abs. 1 Satz 3, 200 Abs. 1 Satz 2 AO hat Kaspar Auskünfte zu erteilen sowie Aufzeichnungen, Bücher, Geschäftspapiere und andere Urkunden zur Einsicht und Prüfung vorzulegen.

3. Nach §§ 208 Abs. 1 Satz 3, 200 Abs. 3 Satz 2 AO ist der Fahnder berechtigt, Grundstücke und Betriebsräume zu betreten und zu besichtigen. Wohnräume dürfen von dem Fahnder gegen den Willen des Kaspar nicht betreten werden (§ 99 Abs. 1 Satz 3 AO).

4. Die **„Beteiligten"** (§ 78 AO) haben die zur Feststellung eines für die Besteuerung erheblichen Sachverhalts erforderlichen Auskünfte zu erteilen (§ 93 Abs. 1 Satz 1 AO). Dem Beteiligten Kaspar selbst steht kein Auskunftsverweigerungsrecht zu (AEAO zu § 101 Nr. 1), solange gegen ihn kein Strafverfahren eingeleitet ist. Auf das Auskunftsverweigerungsrecht bei Gefahr der Verfolgung wegen einer Straftat oder einer Ordnungswidrigkeit kann er sich nicht berufen (§ 103 AO). Erst nach Einleitung des Strafverfahrens muss sich der Beschuldigte nicht mehr zur Sache äußern (§ 393 Abs. 1 Satz 1 AO, § 136 Abs. 1 Satz 2 StPO).

5. Auch „andere Personen" sind den Finanzbehörden grundsätzlich zur Auskunft verpflichtet (§ 93 Abs. 1 Satz 1 AO). Hier kann jedoch ein Auskunftsverweigerungsrecht greifen. Frau Kaspar ist Angehörige des Beteiligten (§ 15 Abs. 1 Nr. 2 AO). Sie kann daher nach § 101 Abs. 1 Satz 1 AO die Auskunft verweigern, soweit sie nicht selbst als Beteiligte auskunftspflichtig ist oder die Auskunftspflicht für einen Beteiligten zu erfüllen hat.

   Der Fahnder ermittelte hinsichtlich der Einkünfte aus Gewerbebetrieb von Herrn Kaspar, also ist Frau Kaspar insoweit nicht Beteiligte (§ 78 Nr. 2 AO). Auch wenn bei der Zusammenveranlagung (§§ 26, 26b EStG) zwei inhaltsgleiche Steuerfestsetzungen gegenüber jedem Ehegatten als zusammengefasste Steuerbescheide (§ 155 Abs. 3 AO) ergehen, liegen dennoch zwei Steuerschuldverhältnisse und damit zwei Steuersubjekte vor. Damit wird der eine Ehegatte nicht Beteiligter im Verfahren des anderen Ehegatten, so dass sich nach ü. M. die Auskunftspflicht als Beteiligter nur auf die vom jeweiligen Ehegatten selbst verwirklichten Besteuerungsgrundlagen bezieht und nicht auf die Verhältnisse des anderen Ehegatten.

   Frau Kaspar hat auch keine Auskunftspflicht für ihren Ehemann als dessen Vertreterin oder Arbeitnehmerin und kann daher die Auskunft verweigern.

6. Steuerberater können die Auskunft über Tatsachen verweigern, die ihnen in ihrer Eigenschaft als Berufsträger anvertraut oder bekannt wurden (§ 102 Abs. 1 Nr. 3b AO). Unter Berücksichtigung der Pflicht zur Verschwiegenheit (vgl. § 57 Abs. 1 StBerG) muss der Steuerberater die

Auskunft verweigern, es sei denn, der Mandant entbindet ihn von der Verpflichtung zur Verschwiegenheit (§ 102 Abs. 3 AO).

7. Nach § 97 Abs. 1 Satz 1 AO kann das Finanzamt grundsätzlich „von anderen Personen" die Vorlage von Büchern, Aufzeichnungen, Geschäftspapieren und anderen Urkunden zur Einsicht und Prüfung verlangen. Da der Steuerberater jedoch die Auskunft verweigern darf (§ 102 Abs. 1 Nr. 3b AO), kann er auch die Vorlage von Urkunden verweigern (§ 104 AO). Der Steuerberater muss jedoch die für Kaspar aufbewahrten Unterlagen sowie die für Kaspar geführten Geschäftsbücher und Aufzeichnungen herausgeben (§ 104 Abs. 2 AO).

8. Auch Banken sind als „andere Personen" den Finanzbehörden zur Auskunft verpflichtet (§ 93 Abs. 1 Satz 1 AO). Dies bestätigt § 30a Abs. 5 Satz 1 AO ausdrücklich. „Andere Personen" sollen jedoch erst dann zur Auskunft angehalten werden, wenn die Sachverhaltsaufklärung durch den Beteiligten nicht zum Ziele führt oder keinen Erfolg verspricht (§ 93 Abs. 1 Satz 3 AO).

Nach § 208 Abs. 1 Satz 3 AO gilt diese Einschränkung jedoch im Allgemeinen nicht für die Steuerfahndung. Nach § 30a Abs. 5 Satz 2 AO gilt jedoch bis zur Einleitung eines Strafverfahrens zugunsten der Banken auch dann der Grundsatz der vorherigen Befragung der Beteiligten, wenn die Steuerfahndung tätig wird.

Der Steuerfahnder kann also von der Bank des Kaspar keine Auskünfte über Konten des Kaspar verlangen, ohne Kaspar vorher zu befragen.

Kapitel 4: Bekanntgabe von Steuerverwaltungsakten

Nichtigkeit, Adressierung und Übermittlung von Steuerbescheiden und Feststellungsbescheiden

FALL 6

Sachverhalt: Armin Anwald ist alleiniger Kommanditist der Bau-GmbH und Co. KG. Einzige Komplementärin der Kommanditgesellschaft war die Südbau-GmbH. Alleiniger Gesellschafter und Geschäftsführer der GmbH war Anwald.

Im Jahre 06 wurden die GmbH und die KG im Handelsregister gelöscht. Steuererklärungen zur einheitlichen und gesonderten Feststellung der Einkünfte 06 der KG, sowie für die Umsatzsteuer des Jahres 06 der KG und der GmbH wurden nicht mehr abgegeben. Daraufhin erließ das Finanzamt im Jahre 08 Schätzungsbescheide (§ 162 AO). Den Gewinn der KG schätzte das Finanzamt auf 80 000 €. Der Feststellungsbescheid trug die Anschrift: Herrn Armin Anwald, betreffend die Firma Bau-GmbH und Co. KG. Der Gewinn wurde dem Gesellschaftsvertrag entsprechend mit 60 000 € an Armin Anwald und 20 000 € an die Südbau-GmbH verteilt. Aufgrund geschätzter Besteuerungsgrundlagen setzte das Finanzamt die Umsatzsteuer der KG auf 200 000 € fest. Im Anschriftenfeld des Umsatzsteuerbescheides war Anwald bezeichnet, in den Erläuterungen zum Bescheid war auf Umsätze der Bau-KG verwiesen. Schließlich erließ das Finanzamt einen Umsatzsteuerschätzungsbescheid über 100 000 € für die Südbau-GmbH, den es ebenfalls an Armin Anwald als Geschäftsführer der GmbH übersandte. Die Bescheide gingen am gleichen Tag zur Post und erreichten zwei Tage später Armin Anwald.

Anwald, der die Rechtsbehelfsfrist für die Bescheide versäumt hat, ist der Ansicht, dass alle Bescheide wegen schwerwiegender Ermittlungs- und Bekanntgabefehler nichtig sind.

AUFGABE:

Prüfen Sie, ob dem Finanzamt Adressierungs- und Übermittlungsfehler unterlaufen sind!

Welche Folgen haben oder hätten diese Fehler und was hat das Finanzamt gegebenenfalls zu veranlassen?

LITERATURHINWEIS

Lehrbuch Abgabenordnung, Rdn. 256–260, 267–271

LÖSUNG

Aus §§ 119 Abs. 1, 122 Abs. 1 Satz 1 AO ergibt sich, dass Steuerverwaltungsakte an den Betroffenen zu adressieren und dem richtigen Empfänger zu übermitteln sind.

1. Feststellungsbescheid

Feststellungsbescheide müssen die Betroffenen (= Inhaltsadressaten), d. h. die Feststellungsbeteiligten **eindeutig bezeichnen**. Dies sind die Gesellschafter Armin Anwald und die Südbau-GmbH, da ihnen die festgestellten Einkünfte bei der Besteuerung zuzurechnen sind (§§ 15 Abs. 1 Nr. 2 EStG, 179 Abs. 2, 180 Abs. 1 Nr. 2a AO). Sie müssen sich für die Betroffenen eindeutig aus dem Bescheid ergeben. Durch die Aufteilung des Gewinnes auf Anwald und die Südbau-GmbH sind die Feststellungsbeteiligten im Bescheid ausdrücklich und eindeutig benannt. Obwohl die GmbH bereits im Handelsregister gelöscht war, befand sie sich steuerlich noch im Stadium der Liquidation (AEAO zu § 122 Nr. 2.8.3.2). Das Fehlen des Hinweises auf die Liquidation ist kein Mangel, der die Wirksamkeit des Bescheides betrifft. Die Identität der GmbH ist durch die Liquidation unverändert. (Ein Hinweis auf die Bau-KG im Feststellungsbescheid ist ohne Bedeutung für die inhaltliche Bestimmtheit der Adressaten, da die KG selbst nicht vom Feststellungsbescheid betroffen wird).

Die **Übermittlung** von Feststellungsbescheiden richtet sich nach § 183 AO. Dem Finanzamt musste aufgrund der Eintragung der Löschung der KG im Handelsregister bekannt sein, dass die KG nicht mehr bestand. Laut Sachverhalt war ein Empfangsbevollmächtigter i. S. v. § 183 Abs. 1 Satz 1 AO nicht bestimmt. § 183 Abs. 3 AO findet daher keine Anwendung. Das Finanzamt hätte daher den Feststellungsbescheid an die ehemaligen Gesellschafter der KG, Armin Anwald und Südbau-GmbH in Liquidation, übermitteln müssen (§ 183 Abs. 2 Satz 1 AO). Da die Südbau-GmbH ebenfalls im Handelsregister gelöscht war, hätte in analoger Anwendung von § 264 Abs. 2 AktG ein Nachtragsliquidator bestimmt werden müssen, was offensichtlich nicht geschehen ist. Der Mangel der Übermittlung an die Südbau-GmbH führt allerdings nicht zur Unwirksamkeit der Bekanntgabe des Bescheides an Anwald (BFH v. 27. 4. 1993 VIII R 27/92, BStBl II 1994, 3). Sobald das zuständige Gericht für die GmbH einen Liquidator bestimmt hat, kann der Feststellungsbescheid der Südbau-GmbH übermittelt werden.

2. Umsatzsteuerbescheid an die Bau-GmbH und Co. KG

Schuldner der Umsatzsteuer und damit Adressatin des Umsatzsteuerbescheides war die KG (§§ 2 Abs. 1, 13a UStG). Sie muss daher im Umsatzsteuerbescheid eindeutig bezeichnet werden (§ 119 Abs. 1 AO). Aus dem Bescheid geht aber nicht eindeutig hervor, ob Armin Anwald als Betroffener des Bescheides oder als Empfänger der im Bescheid erwähnten KG gelten soll. Durch die Bezeichnung im Anschriftenfeld wird der Eindruck erweckt, das Finanzamt wolle ihn als Steuerschuldner beanspruchen, andererseits wird in den Erläuterungen die KG erwähnt. Der Bescheid gibt nicht mit hinreichender Sicherheit und Eindeutigkeit wieder, wer Steuerschuldner sein soll und ist aus diesem Grunde nichtig und damit unwirksam (§§ 125 Abs. 1, 124 Abs. 3 AO; BFH v. 17. 7. 1986 V R 96/85, BStBl II 1986, 834). Das Finanzamt muss daher einen neuen ordnungsgemäß adressierten Bescheid erlassen. Wäre **nur** Armin Anwald eindeutig bezeichnet, ergäbe sich keine Nichtigkeit, auch wenn in Wahrheit nicht er, sondern die KG als Steuerschuldnerin die Besteuerungsgrundlagen verwirklicht hat; der Bescheid wäre nur anfechtbar, aber nicht unwirksam (BFH v. 17. 11. 1987 V B 111/87, BFH NV 1988, 682).

Da die Gesellschaft noch Umsatzsteuerschulden gegenüber dem Finanzamt hat, ist sie trotz der Löschung im Handelsregister noch nicht vollbeendet, sondern befindet sich weiterhin in Liquidation. Der Umsatzsteuerbescheid kann daher weiterhin an die Gesellschaft in Liquidation gerichtet werden (BFH v. 24. 3. 1987 X R 28/80, BStBl II 1988, 316). Zu übermitteln wäre der Umsatzsteuerbescheid an den Liquidator (§§ 161 Abs. 2 und 145 f. HGB).

3. Umsatzsteuerbescheid an die Südbau-GmbH

Die GmbH besteht trotz ihrer Löschung im Handelsregister steuerrechtlich noch fort, solange sie noch steuerrechtliche Pflichten hat oder gegen sie ergangene Steuerbescheide angreift. Die GmbH ist damit im Bescheid ordnungsgemäß bezeichnet (vgl. oben 1.).

Mit der Löschung der GmbH im Handelsregister war allerdings die Befugnis Anwalds erloschen, die GmbH ordnungsgemäß zu vertreten. Eine wirksame Bekanntgabe durch ordnungsgemäße Übermittlung nach § 122 Abs. 1 AO ist daher nicht erfolgt. Auch hier müsste das Finanzamt deshalb in analoger Anwendung von § 264 Abs. 2 AktG eine Nachtragsliquidation beantragen und den Bescheid an den vom Gericht bestellten Nachtragsliquidator übermitteln (vgl. AEAO zu § 122 wegen der Einzelheiten zur Adressierung und Übermittlung von Steuerverwaltungsakten).

Kapitel 5: Korrektur von Steuerverwaltungsakten, Festsetzungsverjährung

Berichtigung von offenbaren Unrichtigkeiten, Festsetzungsverjährung

FALL 7

Sachverhalt:

1. Die vermögende, 80-jährige Anna Ast ist seit dem Jahre 01 verwitwet. In den Jahren 03–06 hat das Finanzamt die Besteuerung des Einkommens nach der Grundtabelle vorgenommen. Für das Jahr 07 war die Einkommensteuer (20 000 €) nach der Splittingtabelle berechnet worden. Nach Unanfechtbarkeit des Bescheides erhielt Anna Ast im Jahre 09 einen „nach § 129 AO" berichtigten Einkommensteuerbescheid 07, in dem die Steuer (28 000 €) nach der Grundtabelle berechnet war.

2. Aufgrund eines Rechenfehlers des Bernd Benn, den das Finanzamt anhand der im Mai 02 mit der Einkommensteuererklärung eingereichten Zusammenstellung der Betriebsausgaben hätte erkennen können, wird dem Einkommensteuerbescheid 01 (ESt: 10 000 €) ein um 5 000 € zu hoher Gewinn zugrunde gelegt. Nach Unanfechtbarkeit des Einkommensteuerbescheides 01 entdeckt Bernd Benn den Rechenfehler und beantragt beim Finanzamt die Beseitigung.

Aufgabe:

3. Durfte das Finanzamt einen nach § 129 AO berichtigten Einkommensteuerbescheid 07 für Anna Ast erlassen?

4. Wird der Antrag des Bernd Benn auf Beseitigung des Rechenfehlers Erfolg haben?

5. Wann muss der Antrag von Bernd Benn spätestens beim Finanzamt eingehen?

LITERATURHINWEIS

Lehrbuch Abgabenordnung, Rdn. 307–315, 544–551, 553, 558 f.

LÖSUNG

1. Bei der seit Jahren verwitweten Anna Ast hätte die Besteuerung nach der Grundtabelle vorgenommen werden müssen (§ 32a Abs. 6 Satz 1 Nr. 1 EStG). Da der Einkommensteuerbescheid 07 unanfechtbar (= bestandskräftig) geworden war, kann ein Fehler nur beseitigt werden, wenn die Voraussetzungen für die Anwendung einer Korrekturvorschrift für Steuerbescheide nach §§ 129, 164, 165, 172 ff. AO vorliegen (vgl. § 172 Abs. 1 Nr. 2 Buchst. d AO).

In Betracht kommt hier eine Berichtigung nach § 129 AO. Nach dieser Vorschrift kann die Finanzbehörde Schreibfehler, Rechenfehler und ähnliche offenbare Unrichtigkeiten, die beim Erlass des Verwaltungsaktes unterlaufen sind, berichtigen.

a) Zu prüfen ist, ob es sich bei der Anwendung der falschen Tabelle um eine „ähnliche offenbare Unrichtigkeit" handelt. „Ähnliche offenbare Unrichtigkeiten" i. S. d. § 129 AO sind mechanische Versehen, die beispielsweise in einer unrichtigen Übertragung bestehen können. Fehler bei der Auslegung oder Anwendung einer Rechtsnorm, unrichtige Tatsachenwürdigung, unzutreffende Annahme eines in Wirklichkeit nicht vorliegenden Sachverhalts oder Fehler, die auf mangelnder Sachaufklärung oder Nichtbeachtung feststehender Tatsachen bei der Findung einer Entscheidung beruhen, schließen dagegen die Anwendung von § 129 AO aus (BFH v. 3. 12. 1988 V R 29/98, BStBl II 1999, 158). Kann im konkreten Fall die Möglichkeit eines Rechtsirrtums nicht ausgeschlossen werden, darf das Finanzamt eine Berichtigung nach § 129 AO nicht durchführen. Im vorliegenden Fall bestand die Möglichkeit eines Rechtsirrtums nicht. Die Rechtslage war eindeutig.

Im Jahre 07 war der Zeitraum für die Weitergewährung der Splittingtabelle (§ 32a Abs. 6 Nr. 1 EStG) seit langem abgelaufen, und das Finanzamt hatte dementsprechend schon seit dem Jahre 03 die Besteuerung nach der Grundtabelle vorgenommen (BFH v. 2. 8. 1974 VI R 137/71, BStBl II 1974, 727). Die Anwendung der falschen Tabelle ist daher jedenfalls im konkreten Fall lediglich ein mechanisches Versehen und daher eine offenbare Unrichtigkeit.

b) Da sich die offenbare Unrichtigkeit während des behördlichen Ablaufs bei Entstehung des Einkommensteuerbescheides 07 ergeben hat, ist der Fehler **„bei Erlass"** des Verwaltungsaktes unterlaufen.

c) Nach dem Wortlaut von § 129 Satz 1 AO „kann" die Finanzbehörde den Einkommensteuerbescheid berichtigen. Unter Berücksichtigung des Grundsatzes, dass die Finanzbehörden die Steuern nach Maßgabe der Gesetze gleichmäßig festzusetzen haben (§ 85 AO), ist – bei pflichtgemäßer Ermessensausübung (§ 5 AO) – eine Berichtigung durchzuführen.

d) Die Berichtigung darf nur erfolgen, solange die **Festsetzungsfrist** nicht abgelaufen ist (§ 169 Abs. 1 Satz 2 AO). Die Festsetzungsfrist von 4 Jahren (§ 169 Abs. 2 Nr. 2 AO) war für die Einkommensteuer 07 im Jahre 09 offensichtlich noch nicht abgelaufen.

Das Finanzamt durfte den nach § 129 AO berichtigten Einkommensteuerbescheid 07 erlassen.

2. Auch hier kommt eine Berichtigung nach § 129 AO in Betracht.

a) Ein Rechenfehler im Sinne des § 129 AO liegt offensichtlich vor. Es ist unerheblich, dass diese offenbare Unrichtigkeit nicht aus dem Bescheid selbst erkennbar ist (BFH v. 25. 2. 1992 VII R 8/91, BStBl II 1992, 713).

b) Fraglich erscheint allerdings, ob der Rechenfehler der Behörde „bei Erlass" des Einkommensteuerbescheides 01 unterlaufen ist. Eine Berichtigung nach § 129 AO kann nach dem Wortlaut der Vorschrift nur bei Versehen des Finanzamtes erfolgen. Sie ist jedoch auch möglich, wenn die Fehlerhaftigkeit von Angaben des Steuerpflichtigen für das Finanzamt ohne Weiteres erkennbar war und das Finanzamt damit eine offenbare Unrichtigkeit in der Steuererklärung als eigene übernommen hat (BFH v. 21.5.1999 X B 212/98, BFH/NV 1999, 1582).

Der vom Finanzamt übernommene Rechenfehler ist daher eine offenbare Unrichtigkeit „bei Erlass" des Einkommensteuerbescheides 01.

c) Da die Berichtigung zu einer Verminderung des Gewinns und somit zu einer geringeren Einkommensteuer 01 führt, hat Bernd Benn ein berechtigtes Interesse an der Berichtigung. Sie ist daher durchzuführen (§ 129 Satz 2 AO).
(Siehe auch *Lehrbuch Abgabenordnung*, Rdn. 307–315)

3. Die Berichtigung darf nur erfolgen, solange die Festsetzungsfrist nicht abgelaufen ist (§ 169 Abs. 1 Satz 2 AO).

a) Für die Einkommensteuer sind Steuererklärungen einzureichen (§ 149 Abs. 1 Satz 1 AO, § 25 Abs. 3 EStG). Die Steuererklärung wurde im Jahre 02 abgegeben. Die Festsetzungsfrist beginnt daher mit Ablauf des Jahres 02 (§ 170 Abs. 2 Nr. 1 AO).

b) Die Festsetzungsfrist dauert vier Jahre (§ 169 Abs. 2 Nr. 2 AO) und endet daher mit Ablauf des Jahres 06.

Die Ablaufhemmung nach § 171 Abs. 2 AO geht nicht über die reguläre Festsetzungsfrist hinaus.

c) Wenn ein Antrag auf Berichtigung einer Steuerfestsetzung vor Ablauf der Festsetzungsfrist gestellt wird, läuft die Festsetzungsfrist insoweit nicht ab, bevor über den Antrag unanfechtbar entschieden worden ist (§ 171 Abs. 3 Satz 1 AO).

Der Antrag auf Berichtigung des Einkommensteuerbescheides 01 ist von Bernd Benn spätestens am 31.12.06 zu stellen.
(Siehe auch *Lehrbuch Abgabenordnung*, Rdn. 544–551, 553, 558 f.)

HINWEIS

Wäre Bernd Benn bei Zusammenstellung der Betriebsausgaben der Rechenfehler passiert, hätte diese aber den beim FA eingereichten Steuerunterlagen nicht beigelegen, käme die Anwendung des § 129 AO nicht in Betracht.
Es läge dann aber die Korrekturmöglichkeit nach § 173a AO vor, wonach aufgrund eines Rechenfehlers des Stpfl. unzutreffende rechtserhebliche Tatsachen geändert werden können.

Rücknahme von rechtswidrigen Nichtsteuerbescheiden

FALL 8

Sachverhalt: Rolf Rose hatte wegen beruflicher Überlastung und familiärer Probleme die bei ihm Ende Oktober 03 eingegangene Post nur gesichtet. Als er in den Weihnachtstagen 03 die einzelnen Briefe genauer durchsah, fand er darunter in einem Umschlag folgende Bescheide des zuständigen Finanzamtes vom 20.10.03:

a) Die Androhung eines Zwangsgeldes von 200 € für den Fall, dass er die Einkommensteuererklärung für 02 nicht bis 1.12.03 abgebe. Rose hatte am 20.2.03 Steuererklärungsvordrucke für 02 mit dem Hinweis erhalten, dass sie bis 31.5.03 beim Finanzamt einzureichen seien. Rose hatte die Erklärung im September erstellt und am 18.10.03 beim Finanzamt eingereicht.

b) Einen geänderten Einkommensteuerbescheid 01, durch den die Steuer von 12 000 € auf 2 000 € herabgesetzt worden war. Der Verspätungszuschlag wurde wie im Erstbescheid vom 8.8.03 mit 300 € angegeben.

c) Ein auf § 93 AO gestütztes Auskunftsersuchen, in dem er aufgefordert wurde, darüber Auskunft zu erteilen, ob sein Nachbar im Jahre 02 an 295 Tagen mehr als 12 Stunden aus beruflichen Gründen von zuhause abwesend war.

Die Verwaltungsakte waren mit Rechtsbehelfsbelehrungen versehen.

Das Finanzamt hatte auf Antrag des Rose wegen der von ihm behaupteten Vermögenslosigkeit und Zahlungsunfähigkeit am 30.6.03 Säumniszuschläge zur Umsatzsteuer 01 in Höhe von 3 000 € erlassen, nun aber erfahren, dass er eine Erbschaft verschwiegen hatte. Das Finanzamt kündigte mit Schreiben vom 23.10.03 an, dass der Erlass aufgehoben werden solle.

AUFGABE:

1. Sind die Verwaltungsakte vom 20.10.03 und der Erlass vom 30.6.03 rechtmäßig?

2. Wie kann Rose erreichen, dass die Verwaltungsakte vom 20.10.03 korrigiert werden?

3. Kann der Erlass vom 30.6.03 vom Finanzamt rückgängig gemacht werden?

LITERATURHINWEIS

Lehrbuch Abgabenordnung, Rdn. 170, 188–191, 316–326, 319 f., 522 f., 934

LÖSUNG

1. Ein Verwaltungsakt ist rechtswidrig, wenn er zum Zeitpunkt der Bekanntgabe dem Gesetz nicht entspricht (vgl. AEAO zu § 130 Nr. 1), weil er

   – unter Verletzung von Vorschriften des Verfahrensrechtes zustande kam oder

   – materiellem Recht widerspricht.

   Ursächlich dafür kann auch sein, dass das Finanzamt

   – bei seiner Entscheidung von einem falschen Sachverhalt ausging oder

   – das ihm zustehende Ermessen fehlerhaft ausübte.

a) Zwangsgeldandrohung

Die Zwangsgeldandrohung vom 20.10.03, ein belastender Nichtsteuerbescheid, ist von Anfang an rechtswidrig, da Rose die Steuererklärung bereits vor dem 1.12.03 abgegeben hat und sich damit die Durchsetzung mittels Zwangsverfahren erübrigt.

b) Festsetzung des Verspätungszuschlags

Bei nicht fristgerechter Abgabe einer Steuererklärung kann das Finanzamt einen Verspätungszuschlag festsetzen (§ 152 Abs.1 AO), der 10 % der festgesetzten Steuer nicht übersteigen darf (§ 152 Abs.2 Satz 1 AO). Diese betragsmäßige gesetzliche Grenze des Ermessens hat das Finanzamt bei Erlass des Änderungsbescheides 01 vom 20.10.03 nicht eingehalten. Die Festsetzung des Verspätungszuschlages ist daher **rechtswidrig** (§ 5 AO). (Siehe auch *Lehrbuch Abgabenordnung*, Rdn. 188–191)

c) Auskunftsersuchen

Nach §§ 92, 93 AO kann das Finanzamt von „anderen Personen" Auskünfte einholen. Allerdings dürfen „andere Personen erst zur Auskunft" angehalten werden, wenn die Sachverhaltsaufklärung durch die Beteiligten (vgl. § 78 Nr. 2 AO) nicht zum Ziel führt oder keinen Erfolg verspricht (§ 93 Abs. 1 Satz 3 AO). Es kann dahingestellt bleiben, ob diese Voraussetzung hier erfüllt ist, denn in jedem Fall ist die Anfrage bei Rose ermessensfehlerhaft. Rose kann über die Abwesenheitszeiten des Nachbarn aussagen, nicht aber zur beruflichen Veranlassung. Da die Aussage von Rose als Beweismittel nicht geeignet ist (BFH v. 23.10.1990 VIII R 45/88, BStBl II 1991, 278) war das Auskunftsersuchen ermessensfehlerhaft und daher **rechtswidrig** (§ 5 AO). (Siehe auch *Lehrbuch Abgabenordnung*, Rdn. 170)

d) Erlass der Säumniszuschläge

Nach § 227 AO können Ansprüche aus dem Steuerschuldverhältnis (vgl. § 37 AO) erlassen werden, wenn die Einziehung unbillig wäre. Ist der Steuerschuldner überschuldet und zahlungsunfähig, so ist die Erhebung von Säumniszuschlägen als Druckmittel nicht mehr sinnvoll und zumindest ein Teilerlass wegen sachlicher Unbilligkeit geboten (AEAO zu § 240 Nr. 5 Buchst. c; BFH v. 16.7.1997 XI R 32/96, BStBl II 1998, 7). Das Finanzamt ist jedoch bei seinen Ermessenserwägungen im Rahmen des § 227 AO von einem falschen Sachverhalt ausgegangen, da Rose entgegen seinen Angaben aufgrund einer Erbschaft nicht mehr vermögenslos und zahlungsunfähig war. Der Erlass der Säumniszuschläge zur Umsatzsteuer 01 in Höhe von 3 000 € vom 30.6.03 war daher **rechtswidrig**. (Siehe auch *Lehrbuch Abgabenordnung*, Rdn. 522 f.)

2. Soll ein Verwaltungsakt korrigiert werden, sind folgende Überlegungen geboten:

- Ist der Verwaltungsakt nichtig (vgl. § 125 AO) und damit unwirksam nach § 124 Abs. 3 AO?

- Ist eine Korrektur im Rechtsbehelfsverfahren noch möglich, weil die Rechtsbehelfsfrist noch nicht abgelaufen ist?

- Welche Korrekturvorschrift kommt in Betracht?

Die an Rolf Rose am 20.10.03 bekannt gegebenen Verwaltungsakte (§ 118 AO) enthalten keine zur Nichtigkeit nach § 125 AO führenden Fehler und sind daher mit ordnungsgemäßer

Bekanntgabe wirksam geworden (§ 124 Abs. 1 AO), auch wenn sie Fehler enthalten und damit rechtswidrig sind. Sie bleiben wirksam, solange sie nicht „aufgehoben" werden (§ 124 Abs. 2 AO).

Die Verwaltungsakte waren am 20. 10. 03 zugegangen und mit Rechtsbehelfsbelehrungen versehen. Die Rechtsbehelfsfrist von einem Monat (§ 355 Abs. 1 AO) war in den Weihnachtstagen 03 offensichtlich abgelaufen. Berufliche Überlastung und familiäre Probleme können eine Wiedereinsetzung in den vorigen Stand (§ 110 AO) nicht rechtfertigen. Eine Überprüfung der Verwaltungsakte im **Rechtsbehelfsverfahren** ist daher **nicht** möglich.

Die Verwaltungsakte können daher nur umgestaltet oder beseitigt werden, wenn die Voraussetzungen für eine **Korrekturvorschrift** vorliegen.

Die Androhung eines Zwangsgeldes, die Festsetzung eines Verspätungszuschlages und das Auskunftsersuchen sind **„Nichtsteuerbescheide"**, für deren Korrektur nur

- § 129 AO (Berichtigung offenbarer Unrichtigkeiten),

- § 130 AO (Rücknahme **rechtswidriger** Nichtsteuerbescheide) und

- § 131 AO (Widerruf **rechtmäßiger** Nichtsteuerbescheide)

in Betracht kommen. Eine Berichtigung der Verwaltungsakte nach § 129 AO entfällt, da in keinem der Fälle ernsthaft ausgeschlossen werden kann, dass die Rechtswidrigkeit auf fehlerhafter Rechtsanwendung beruht. Da die Verwaltungsakte rechtswidrig sind, können sie nach dem Wortlaut von § 130 Abs. 1 AO „ganz oder teilweise mit Wirkung für die Zukunft oder die Vergangenheit" **zurückgenommen** werden. Diese einfache Rücknahmemöglichkeit für rechtswidrige Nichtsteuerbescheide gilt allerdings – wie sich aus § 130 Abs. 2 AO ergibt – nur für **belastende** rechtswidrige Nichtsteuerbescheide.
(Siehe auch *Lehrbuch Abgabenordnung*, Rdn. 316–326)

a) **Zwangsgeldandrohung**

Da die Zwangsgeldandrohung vom 20. 10. 03, ein **belastender** Nichtsteuerbescheid, von Anfang an rechtswidrig war, kann sie nach § 130 Abs. 1 AO mit Wirkung für die Vergangenheit zurückgenommen werden, d. h. eine der Voraussetzung für die Zwangsgeldfestsetzung (vgl. § 332 AO) entfällt rückwirkend. In der Praxis wird hier eine formelle Rücknahme vom Steuerpflichtigen selten begehrt werden und vom Finanzamt kaum erfolgen, da die Zwangsgeldfestsetzung (§§ 333, 329 AO) als eigener Verwaltungsakt unterbleibt.

b) **Festsetzung des Verspätungszuschlages**

Ergibt sich durch eine Änderung der Steuerfestsetzung, dass das Finanzamt bei der Zumessung des **belastenden** Verspätungszuschlages (vgl. § 152 Abs. 2 Satz 2 AO, BFH v. 8. 12. 1988 V R 169/83, BStBl II 1989, 231) von einem unrichtigen Sachverhalt, insbesondere von einer höheren Steuer oder einer höheren Abschlusszahlung ausgegangen ist, so kann das Finanzamt den Verspätungszuschlag ganz oder teilweise zurücknehmen (BFH v. 29. 3. 1979 V R 69/77, BStBl II 1979, 641). Übersteigt der Verspätungszuschlag die Grenze von 10 % der festgesetzten Steuer, so wird er teilweise zurückgenommen wenigstens bis auf 10 % der festgesetzten Steuer, hier also zumindest auf 200 € (§ 130 Abs. 1 AO; vgl. AEAO zu § 130 Nr. 3 Beispiel).

c) **Auskunftsersuchen**

Auch das Auskunftsersuchen ist ein **belastender** rechtswidriger Nichtsteuerbescheid und kann vom Finanzamt gem. § 130 Abs. 1 AO zurückgenommen werden.

Rose kann die Rücknahme der Verwaltungsakte vom 20.10.03 erreichen, wenn er die Rechtswidrigkeit der Verwaltungsakte dem Finanzamt darlegt und deren Rücknahme anregt.

3. **Der Erlass** ist ein den Bürger „**begünstigender**" Verwaltungsakt (vgl. § 130 Abs. 2 AO). Die Rücknahme eines begünstigenden Verwaltungsaktes bringt für ihn stets einen Nachteil. Da der Bürger grundsätzlich auf den Bestand unanfechtbarer Verwaltungsakte vertrauen können soll, dürfen begünstigende rechtswidrige Nichtsteuerbescheide nur zurückgenommen werden, wenn eine der Voraussetzungen des § 130 Abs. 2 AO vorliegt. Rose hat durch Verschweigen der Erbschaft zumindest in wesentlicher Beziehung unvollständige Angaben gemacht (§ 130 Abs. 2 Nr. 3 AO). Hätte er vorsätzlich die Erbschaft verschwiegen, läge eine Täuschung i. S. v. § 130 Abs. 2 Nr. 2 AO vor.

Da Säumniszuschläge durch den Erlass erloschen sind, ist die Rücknahme eines Erlasses nur denkbar, wenn an den Rechtszustand vor Wirksamwerden des Erlasses wieder angeknüpft wird.

Die Rechtswidrigkeit des Erlasses war von Anfang an gegeben. Daher ist die Rücknahme des Erlasses **mit Wirkung für die Vergangenheit** möglich und ermessensgerecht (vgl. AEAO zu § 131 Nr. 3).

(Siehe auch *Lehrbuch Abgabenordnung*, Rdn. 320)

Widerruf von rechtmäßigen Nichtsteuerbescheiden, Nebenbestimmungen bei Ermessensverwaltungsakten

FALL 9

Sachverhalt: Architekt Hans Hansen erhielt im Februar 05 den Einkommensteuerbescheid 03 mit einer festgesetzten Einkommensteuer von 83 000 €. Die Abschlusszahlung in Höhe von 43 000 € war zum 20.3.05 fällig. Da die Kosten von 6 000 € (steuerliche Auswirkung: 3 000 €) für eine Studienreise mit der Architektenkammer nach Japan nicht als Betriebsausgaben anerkannt worden waren, legte Hansen Einspruch ein und beantragte, den Einkommensteuerbescheid 03 in Höhe von 3 000 € von der Vollziehung auszusetzen. Gleichzeitig bat er, die verbleibende Abschlusszahlung von 40 000 € in 8 Monatsraten, beginnend am 20.4.05 entrichten zu dürfen.

Mit Verwaltungsakt vom 10.4.05 wurde die beantragte Stundung „unter dem Vorbehalt des Widerrufs" gewährt. Gleichzeitig wurde die Einkommensteuer 03 „unter Vorbehalt des Widerrufs" in Höhe von 3 000 € „bis zum Ablauf eines Monats nach Erledigung des Einspruchs" von der Vollziehung ausgesetzt.

Am 10.4.05 erhielt Hansen eine Prüfungsanordnung, nach der bei ihm beginnend am 20.6.05 eine Außenprüfung für die Jahre 01–03 durchgeführt werden sollte.

Am 10.6.05 hob das Finanzamt die Prüfungsanordnung „wegen einer langwierigen Erkrankung des Prüfers" auf.

Am 10.7.05 wurde die Stundung vom 10.3.05 widerrufen, da im Rahmen einer Geschäftsprüfung festgestellt wurde, dass aufgrund der Vermögenslage des Hansen die Stundung rechtswidrig war.

Am 10.8.05 teilte das Finanzamt dem Hansen mit, dass die Aussetzung der Vollziehung vom 10.3.05 mit Wirkung vom 10.9.05 widerrufen werde, da der BFH in einem vergleichbaren Fall die Revision eines Architekten zurückgewiesen habe.

AUFGABE:

1. Konnte das Finanzamt die Prüfungsanordnung aufheben?
2. Durften die Stundung und die Aussetzung der Vollziehung mit einem Vorbehalt des Widerrufs ergehen?
3. Kann das Finanzamt die Aussetzung der Vollziehung „widerrufen"?
4. Kann das Finanzamt die Stundung „widerrufen"?

LITERATURHINWEIS

Lehrbuch Abgabenordnung, Rdn. 222, 316–326, 712 ff.

LÖSUNG

1. Da die Prüfungsanordnung (§ 196 AO) kein Steuerbescheid ist und die Vorschriften der §§ 155 ff. AO auch nicht entsprechend anzuwenden sind („Nichtsteuerbescheid"), kann sie nur aufgrund folgender Vorschriften korrigiert werden:

   – § 129 AO („Berichtigung" offenbarer Unrichtigkeiten),

   – § 130 AO („Rücknahme" rechtswidriger Verwaltungsakte) und

   – § 131 AO („Widerruf" rechtmäßiger Verwaltungsakte)

   Für eine offenbare Unrichtigkeit bei Erlass der Prüfungsanordnung oder für die Rechtswidrigkeit der Prüfungsanordnung enthält der Sachverhalt keine Anhaltspunkte. Als Rechtsgrundlage für die „Aufhebung" der **rechtmäßigen** Prüfungsanordnung kommt daher nur § 131 AO in Betracht. Da die Prüfungsanordnung ein **belastender** („nicht begünstigender") Verwaltungsakt ist, kann sie nur unter den Voraussetzungen von § 131 Abs. 1 AO widerrufen werden. Danach kann der Widerruf einer Prüfungsanordnung erfolgen, wenn anschließend nicht „erneut eine Prüfungsanordnung erlassen werden müsste", d.h. wenn Prüfungsanordnungen nach pflichtgemäßem Ermessen (§ 5 AO) ergehen.

   Nach § 193 AO ist die Außenprüfung für bestimmte Steuerpflichtige unter den genannten Voraussetzungen „zulässig", aber nicht zwingend vorgeschrieben. Prüfungsanordnungen gehören daher nicht zu den „gebundenen", sondern zu den **Ermessensverwaltungsakten.** Zur Begründung einer auf § 193 Abs. 1 AO gestützten Prüfungsanordnung genügt der Hinweis auf die Rechtsgrundlage (BFH v. 2. 10. 1991 X R 89/89, BStBl II 1992, 220), obwohl Ermessensverwaltungsakte grundsätzlich erkennen lassen müssen, dass und in welcher Weise die Behörde ihr Ermessen ausgeübt hat.

Aufgrund der Erkrankung des Prüfers konnte das Finanzamt daher die Prüfungsanordnung – einen rechtmäßigen, belastenden Ermessensverwaltungsakt – nach § 131 Abs. 1 AO widerrufen.

2. § 120 AO regelt, wann Verwaltungsakte mit einer **Nebenbestimmung** versehen werden dürfen.

Nach § 120 Abs. 1 AO dürfen „gebundene" Verwaltungsakte („auf die ein Anspruch besteht") nur unter engen Voraussetzungen mit einer Nebenbestimmung versehen werden. Hingegen können **Ermessensverwaltungsakte** mit Nebenbestimmungen i. S. d. **§ 120 Abs. 2 AO** erlassen oder verbunden werden, sofern dies nicht dem Zweck des Verwaltungsaktes zuwiderläuft (vgl. § 120 Abs. 3 AO). Stundung (§ 222 AO) und Aussetzung der Vollziehung (§ 361 AO) sind Ermessensverwaltungsakte und können daher mit einem „Vorbehalt des Widerrufs" (§ 120 Abs. 2 Nr. 3 AO) versehen werden.

3. Die Voraussetzungen für den Widerruf der Aussetzung der Vollziehung nach **§ 131 Abs. 2 Nr. 1 AO**

   – Nichtsteuerbescheid,

   – rechtmäßig,

   – Ermessensverwaltungsakt,

   – begünstigend und

   – Vorbehalt des Widerrufs.

liegen vor. Auch wenn alle Voraussetzungen erfüllt sind, kann das Finanzamt nicht willkürlich, sondern nur nach **pflichtgemäßer Ermessensausübung** (§ 5 AO) die Aussetzung der Vollziehung widerrufen. Die Entscheidung des BFH in einer vergleichbaren Streitsache rechtfertigt den Widerruf, da nunmehr „ernstliche Zweifel an der Rechtmäßigkeit des Steuerbescheids" insoweit nicht mehr bestehen (vgl. § 361 Abs. 2 Satz 2 AO). Daher kann das Finanzamt die Aussetzung der Vollziehung **„mit Wirkung für die Zukunft"** widerrufen.

4. Bei der Stundung handelt es sich um einen **begünstigenden, rechtswidrigen Nichtsteuerbescheid.**

Als Korrekturvorschrift kommt daher § 130 Abs. 2 AO in Betracht. Nach dem Sachverhalt liegt jedoch keine der in § 130 Abs. 2 Nr. 1 bis 4 AO angeführten Voraussetzungen vor.

Andererseits konnte Hansen nicht auf den Bestand der rechtswidrigen Stundung vertrauen, da die Stundung unter **„Vorbehalt des Widerrufs"** gewährt worden war. Daher vertritt der BFH (v. 30. 11. 1982 VIII R 9/80, BStBl II 1983, 187) die Auffassung, dass Gründe, die den Widerruf eines **rechtmäßigen** Verwaltungsaktes nach § 131 Abs. 2 Nr. 1 AO rechtfertigen, erst recht die Rücknahme eines **rechtswidrigen** Verwaltungsakts ermöglichen müssen, sofern ein Verwaltungsakt mit einem wirksamen Widerrufsvorbehalt versehen ist. Allerdings darf auch hier die Rücknahme nur nach pflichtgemäßer Ermessensausübung „mit Wirkung für die Zukunft" erfolgen.

Änderung von Steuerbescheiden unter Vorbehalt der Nachprüfung, Nebenbestimmungen bei gebundenen Verwaltungsakten, Festsetzungsverjährung

FALL 10

Sachverhalt: Nach dem Willen des zuständigen Finanzbeamten sollte die Festsetzung der Einkommensteuer 01 für den Schriftsteller Volker Vorndran „unter Vorbehalt der Nachprüfung" ergehen. Aufgrund eines Versehens wurde der Einkommensteuerbescheid 01 vom 6. 6. 02 mit der Einkommensteuerfestsetzung von 6 000 € jedoch ohne Vorbehalt der Nachprüfung ausgedruckt und bekannt gegeben. Der Bescheid wurde unanfechtbar.

Ein Jahr später entdeckt der Bearbeiter beim Finanzamt, dass bei der Veranlagung eine Mitteilung des Kirchensteueramtes, die beim Finanzamt am 15. 3. 02 eingegangen war, nicht berücksichtigt wurde. Das Finanzamt teilt daraufhin Vorndran mit, dass die Einkommensteuer 01 wegen der – in der Erklärung verschwiegenen – Kirchensteuererstattung von 400 € erhöht werden müsse.

AUFGABE:

1. Unter welchen Voraussetzungen können Steuern „unter dem Vorbehalt der Nachprüfung" festgesetzt werden?

2. Wie wirkt sich das Fehlen des „Vorbehalts der Nachprüfung" in dem an Vorndran bekannt gegebenen Bescheid aus?

3. Kann das Finanzamt die Kirchensteuererstattung noch berücksichtigen?

4. Könnte das Finanzamt den Einkommensteuerbescheid 01 noch ändern, wenn erst im Januar 07 entdeckt würde, dass die Mitteilung des Kirchensteueramtes bei der Veranlagung nicht berücksichtigt wurde?

LITERATURHINWEIS

Lehrbuch Abgabenordnung, Rdn. 307–315, 329–335, 546–551, 553–555

LÖSUNG

1. Der „Vorbehalt der Nachprüfung" ist eine Nebenbestimmung i. S. d. § 120 AO. Die Finanzbehörden **„haben** die Steuern nach Maßgabe der Gesetze festzusetzen" (§ 85 AO). Da der Steu-

erpflichtige einen Anspruch auf Erteilung eines Steuerbescheides hat, handelt es sich um einen gebundenen Verwaltungsakt. Steuerbescheide können daher nur mit einer Nebenbestimmung versehen werden, soweit dies gesetzlich zugelassen ist (§ 120 Abs. 1 AO). Nach § 164 Abs. 1 AO können Steuern unter dem Vorbehalt der Nachprüfung festgesetzt werden, solange der Steuerfall noch nicht abschließend geprüft wurde.

2. Steuerfestsetzungen unter dem Vorbehalt der Nachprüfung müssen alle Erfordernisse eines Steuerbescheides erfüllen (vgl. §§ 119, 121, 155, 157 AO), daher auch die Nebenbestimmung „unter Vorbehalt der Nachprüfung" enthalten. Trägt der dem Steuerpflichtigen bekannt gegebene Bescheid den Vermerk nicht, obwohl er vom zuständigen Bearbeiter vorgesehen war, so ist der Steuerbescheid ohne Vorbehalt der Nachprüfung wirksam geworden. Nach § 124 Abs. 1 Satz 2 AO wird ein Verwaltungsakt nur mit dem Inhalt wirksam, mit dem er auch bekannt gegeben wird. Allerdings liegt eine offenbare Unrichtigkeit i. S. d. § 129 AO vor, wenn aufgrund eines Übertragungsfehlers der ausgedruckte Bescheid einen anderen Inhalt hat als der vom Finanzbeamten dokumentierte Wille (BFH v. 17.11.1998 III R 2/97, BStBl II 1999, 62). Das Finanzamt kann daher einen gemäß § 129 AO berichtigten Bescheid gleichen Inhalts „unter dem Vorbehalt der Nachprüfung" erlassen.

3. Da der Einkommensteuerbescheid 01 unanfechtbar geworden war, kann die Berücksichtigung der Kirchensteuererstattung nur erfolgen, wenn eine Korrekturvorschrift die Änderung der unanfechtbaren Steuerfestsetzung zulässt (vgl. § 172 Abs. 1 Satz 1 AO: „Ein Steuerbescheid ... darf nur ... geändert ..."). Als Korrekturvorschriften kommen nach der AO die §§ 164, 165, 172 ff. sowie § 129 AO in Betracht.

   a) Das Übersehen einer in den Akten dokumentierten Mitteilung über die Erstattung von Kirchensteuer kann als „ähnliche offenbare Unrichtigkeit" bei Erlass des Einkommensteuerbescheides 01 (§ 129 Satz 1 AO) angesehen werden.

   Eine rechtliche Fehlbeurteilung der Bedeutung der Erstattungsmitteilung kann hier ausgeschlossen werden, zumal bei Veranlagungen unter dem Vorbehalt der Nachprüfung häufig die Besteuerungsgrundlagen der Steuererklärung unverändert übernommen werden. Die nachträgliche Erhöhung der Einkommensteuer 01 könnte also auf §§ 172 Abs. 1 Nr. 2 Buchst. d, 129 AO gestützt werden.

   b) Darüber hinaus könnte das Finanzamt zunächst einen nach § 129 AO berichtigten Einkommensteuerbescheid 01 gleichen Inhalts „unter Vorbehalt der Nachprüfung" erlassen. Später könnte durch eine Änderung dieses Bescheides nach § 164 Abs. 2 AO die Kirchensteuererstattung berücksichtigt werden – ggf. unter Aufhebung des Vorbehalts der Nachprüfung (vgl. § 164 Abs. 3 AO).

   Das Finanzamt kann also die Kirchensteuererstattung noch berücksichtigen.

4. Die Berichtigung einer Steuerfestsetzung nach § 129 AO ist nicht mehr möglich, wenn die Festsetzungsfrist abgelaufen ist (§ 169 Abs. 1 Satz 2 AO).

   Die Festsetzungsfrist beginnt mit Ablauf des Jahres, in dem die Steuer entstanden ist (§ 170 Abs. 1 AO). Die Festsetzungsfrist für die Einkommensteuer 01 würde danach mit Ablauf des Jahres 01 beginnen (§ 38 AO, § 36 Abs. 1 EStG). Da jedoch für die Einkommensteuer eine Steuererklärung einzureichen ist (§ 149 Abs. 1 AO, § 25 Abs. 3 EStG), beginnt die Festsetzungsfrist erst mit Ablauf des Jahres der Erklärungsabgabe zu laufen (§ 170 Abs. 2 Nr. 1 AO).

Die Einkommensteuer 01 wurde bereits am 6. 6. 02 festgesetzt. Daher muss die Erklärung im Jahre 02 eingereicht worden sein.

Die Festsetzungsfrist für die Einkommensteuer 01 beginnt daher mit Ablauf des Jahres 02, dauert 4 Jahre (§ 169 Abs. 2 Nr. 2 AO) und endet mit Ablauf des Jahres 06. Die Festsetzungsfrist von 5 bzw. 10 Jahren kommt nicht in Betracht (§ 169 Abs. 2 Satz 2 AO), da weder leichtfertige Steuerverkürzung (§ 378 AO) noch Steuerhinterziehung (§ 370 AO) nachgewiesen werden können.

Die Ablaufhemmung des § 171 Abs. 2 AO reicht nicht über das reguläre Fristende hinaus, da die offenbare Unrichtigkeit bereits im Bescheid vom 6. 6. 02 enthalten war. Das gilt auch dann, wenn das Finanzamt in einem späteren Änderungsbescheid den Vorbehalt der Nachprüfung aufnimmt und die Mitteilung des Kirchensteueramtes nach wie vor unentdeckt bleibt. Entscheidend für die Ablaufhemmung nach § 171 Abs. 2 AO ist stets der Bescheid, in dem sich die offenbare Unrichtigkeit erstmals befindet.

Das Finanzamt könnte daher den Einkommensteuerbescheid 01 nicht mehr berichtigen (§ 129 AO), wenn der Fehler erst im Januar 07 entdeckt würde.

(Wenn der Einkommensteuerbescheid 01 – wie beabsichtigt – mit einem „Vorbehalt der Nachprüfung" versehen worden wäre, würde der Vorbehalt der Nachprüfung gemäß § 164 Abs. 4 Satz 1 AO mit Ablauf der Festsetzungsfrist, also des Jahres 06, entfallen sein, so dass diese Korrekturmöglichkeit im Jahr 07 ebenfalls nicht mehr bestünde).

Vorläufige Steuerfestsetzung, Nebenbestimmungen bei gebundenen Verwaltungsakten, Festsetzungsverjährung bei vorläufigen Steuerfestsetzungen

FALL 11

Sachverhalt: Kaufmann Teo Torn erbte ein Dreifamilienhaus aufgrund eines Testamentes von einem entfernten Verwandten. Der Anfechtung des Testamentes folgte ein Zivilrechtsstreit. Die Einkommensteuer 01 in Höhe von 16 500 € wurde daher im Jahre 02 „vorläufig" festgesetzt mit dem Vermerk: „Wegen des Zivilrechtsstreites werden die Einkünfte aus Vermietung und Verpachtung des Dreifamilienhauses vorläufig nicht erfasst."

Im Mai des Jahres 03 wurde der Ansatz der Sonderausgaben im Einkommensteuerbescheid 01 nach § 129 AO berichtigt (Einkommensteuer: 16 000 €); der Änderungsbescheid erging ohne Vorläufigkeitsvermerk.

Im August 08 bestätigte das Oberlandesgericht die Gültigkeit des Testamentes, was das Finanzamt im Oktober 08 erfuhr. Daraufhin änderte das Finanzamt den Einkommensteuerbescheid 01 im September 09 gem. § 165 Abs. 2 AO. Aufgrund des Ansatzes der Einkünfte aus Vermietung und Verpachtung des Dreifamilienhauses ergab sich eine Einkommensteuer 01 von 20 000 €.

1. Konnte der Einkommensteuerbescheid 01 hinsichtlich der Einkünfte aus Vermietung und Verpachtung „vorläufig" ergehen?

2. War aufgrund des Fehlens des Vorläufigkeitsvermerkes im Berichtigungsbescheid die teilweise Vorläufigkeit der Steuerfestsetzung entfallen?

3. War die Änderung des Einkommensteuerbescheides 01 im Jahre 09 rechtmäßig?

Lehrbuch Abgabenordnung, Rdn. 336–342

1. Steuerbescheide können als gebundene Verwaltungsakte nur mit einer Nebenbestimmung versehen werden, soweit dies gesetzlich zugelassen ist (§ 120 Abs. 1 AO). Nach § 165 Abs. 1 Satz 1 AO können Steuern „vorläufig" festgesetzt werden, soweit ungewiss ist, ob die Voraussetzungen für die Entstehung der Steuer eingetreten sind. Ungewissheit liegt vor, wenn das Finanzamt im Zeitpunkt der Veranlagung nicht ermitteln kann, ob die Voraussetzungen für den Ansatz einer Besteuerungsgrundlage in tatsächlicher Hinsicht gegeben sind. Hingegen ist die noch ausstehende steuerrechtliche Beurteilung von Tatsachen kein Grund für eine Vorläufigkeit (BFH v. 25. 4. 1985 IV R 64/83, BStBl II 1985, 648). Wegen der Anfechtung des Testamentes war bis zum Ausgang des Rechtsstreites objektiv ungewiss, ob Teo Torn Eigentümer des Dreifamilienhauses geworden war und ihm die Einkünfte zuzurechnen sind. Das Finanzamt konnte daher – nach pflichtgemäßer Ermessensausübung (§ 5 AO) – den Bescheid hinsichtlich dieser Einkünfte „vorläufig" erlassen. Der Bescheid war als „vorläufiger" gekennzeichnet. Auch waren Umfang und Grund der Vorläufigkeit dem Bescheid zu entnehmen (vgl. § 165 Abs. 1 Satz 3 AO).

2. Fraglich erscheint, ob das Gebot der Rechtssicherheit und der Schutz des Vertrauens des Bürgers auf den erkennbaren Inhalt eines Bescheides gebieten, dass der Vorläufigkeitsvermerk in jedem Bescheid wiederholt wird. Der BFH verneint die Möglichkeit des stillschweigenden Wegfalls von Nebenbestimmungen (BFH v. 10. 10. 1995 VIII R 56/91, BFH/NV 1996, 304). Denn für den Steuerpflichtigen ist meist ohne Weiteres erkennbar, ob bei einer Berichtigung oder Änderung ein Zusammenhang mit dem im Vorläufigkeitsvermerk bezeichneten Sachverhalt besteht. So betraf im vorliegenden Fall die Berichtigung nur die Sonderausgaben. Das Fehlen des Vorläufigkeitsvermerkes im Berichtigungsbescheid 01 führte daher nicht zum Wegfall der Vorläufigkeit.

3. Die Änderung von Steuerfestsetzungen ist nicht mehr zulässig, wenn die Festsetzungsfrist abgelaufen ist (§ 169 Abs. 1 Satz 1 AO). Da für die Einkommensteuer eine Steuererklärung einzureichen ist (§ 149 Abs. 1 AO, § 25 Abs. 3 EStG), beginnt die Festsetzungsfrist nicht mit Ablauf des Jahres, in dem die Steuer entstanden ist (§ 170 Abs. 1 AO), sondern erst mit Ab-

lauf des Jahres der Erklärungsabgabe zu laufen (§ 170 Abs. 2 Nr. 1 AO). Die Einkommensteuer 01 wurde im Jahre 02 festgesetzt. Daher muss die Erklärung bereits im Jahre 02 eingereicht worden sein. Die Festsetzungsfrist für die Einkommensteuer 01 beginnt daher mit Ablauf des Jahres 02, dauert 4 Jahre (§ 169 Abs. 2 Nr. 2 AO) und endet planmäßig mit Ablauf des Jahres 06.

Dies würde im vorliegenden Fall dazu führen, dass das Urteil des Oberlandesgerichtes steuerlich nicht mehr berücksichtigt werden könnte, wenn es nach Ablauf der planmäßigen Festsetzungsfrist von 4 Jahren erging. Um dies auszuschließen, tritt bei vorläufigen Steuerbescheiden gemäß § 171 Abs. 8 Satz 1 AO eine Ablaufhemmung ein. Die Festsetzungsfrist endet nicht vor Ablauf eines Jahres, nachdem die Ungewissheit beseitigt ist und das Finanzamt hiervon positive Kenntnis erhalten hat. Im vorliegenden Fall erfuhr das Finanzamt im Oktober 08 von dem Urteil des Oberlandesgerichtes. Die auf § 165 Abs. 2 AO gestützte Änderung des Einkommensteuerbescheides 01 im September 09 war daher rechtmäßig.

Schlichte Änderung und Abhilfebescheid, Korrektur von Einspruchentscheidungen, Festsetzungsverjährung

FALL 12

Sachverhalt: Bei der Überprüfung des Einkommensteuerbescheides für das Jahr 01 vom 15. 8. 02 (Einkommensteuer: 17 200 €) anhand der eingereichten Steuererklärung stellt Steuerberater Sebastian Schlicht fest, dass die Ausgaben seines Mandanten Werner Weiß zur Förderung steuerbegünstigter Zwecke (§ 10b EStG) in Höhe von 400 € im Steuerbescheid nicht berücksichtigt worden waren. Er ruft daher am 15. 9. 02 beim Finanzamt an und bittet den zuständigen Bearbeiter Max Milde um Berücksichtigung der Spenden. Dieser sagt eine Überprüfung zu.

Als Milde am 15. 10. 02 die Einkommensteuererklärung 01 nochmals durchsieht, bemerkt er, dass auch die Werbungskosten bei den Einkünften aus nichtselbständiger Arbeit materiell-rechtlich zutreffend um 400 € höher anzusetzen gewesen wären.

AUFGABE:

1. Nach welcher Vorschrift und inwieweit kann der Einkommensteuerbescheid 01 korrigiert werden?

2. Wie hätte das Finanzamt vorzugehen, wenn am 15. 9. 02 nicht der fernmündliche Antrag, sondern ein schriftlicher Einspruch eingegangen wäre?

3. Wodurch unterscheiden sich der Antrag auf „schlichte Änderung" und der Einspruch in ihren Voraussetzungen und Folgen?

4. Kann Festsetzungsverjährung eintreten, bevor das Finanzamt über den Antrag auf schlichte Änderung bzw. über den Einspruch entschieden hat?

5. Können auch Einspruchsentscheidungen durch das Finanzamt korrigiert werden?

LITERATURHINWEIS

Lehrbuch Abgabenordnung, Rdn. 307, 343–347, 559 f., 849–852

LÖSUNG

1. Der Einkommensteuerbescheid 01 darf nur geändert werden, wenn die Voraussetzungen für die Anwendung einer Korrekturvorschrift für Steuerbescheide vorliegen (vgl. § 172 Abs. 1 Nr. 2d AO).

Da eine offenbare Unrichtigkeit i. S. d. § 129 AO nicht vorliegt und der Einkommensteuerbescheid 01 nicht mit einer Nebenbestimmung (§§ 120 Abs. 1, 164, 165 AO) versehen war, ist zu prüfen, ob die Voraussetzungen für eine Änderung nach § 172 Abs. 1 Nr. 2a AO vorliegen.

a) Steuerberater Schlicht hat einen hinreichend bestimmten Antrag gestellt. Da das Gesetz eine bestimmte Form nicht vorsieht, kann der Antrag auch mündlich oder telefonisch gestellt werden.

b) Steuerberater Schlicht hat eine Änderung **zugunsten** seines Mandanten beantragt. Daher muss der Antrag „vor Ablauf der Rechtsbehelfsfrist" gestellt worden sein (vgl. § 172 Abs. 1 Nr. 2a 2. Halbsatz AO). Da der Einkommensteuerbescheid am 15. 8. 02 zur Post gegeben wurde, gilt er als am 18. 8. 02 bekannt gegeben (§ 122 Abs. 2 Nr. 1 AO). Die Rechtsbehelfsfrist begann daher mit Ablauf des 18. 8. 02 (§ 108 Abs. 1 AO, § 187 Abs. 1 BGB), dauerte wegen der zu unterstellenden zutreffenden Rechtsbehelfsbelehrung einen Monat (§ 355 Abs. 1 AO) und endete mit Ablauf des 18. 9. 02 (§ 108 Abs. 1 AO, § 188 Abs. 2 BGB). Der Antrag vom 15. 9. 02 war also fristgerecht.

c) Das Finanzamt darf und kann jedoch nur dem Antrag „der Sache nach" entsprechen, d. h. Ausgaben in Höhe von 400 € zur Förderung steuerbegünstigter Zwecke (§ 10b EStG) nachträglich berücksichtigen. Der Antrag kann nach Ablauf der Rechtsbehelfsfrist – etwa im Rahmen eines Anrufs des Bearbeiters Milde beim Steuerberater – nicht erweitert werden (AEAO zu § 172 Nr. 2 Abs. 2).

Das Finanzamt kann den Einkommensteuerbescheid 01 nach § 172 Abs. 1 Nr. 2a AO durch eine **„schlichte Änderung"** insoweit korrigieren, als Spenden in Höhe von 400 € als Sonderausgaben nach § 10b EStG zum Abzug zugelassen werden. Eine weitere Minderung der Einkommensteuer infolge der Erhöhung der Werbungskosten ist nicht möglich, da insoweit ein Antrag fehlt und dieser nach Ablauf der Einspruchsfrist auch nicht erweitert werden konnte. Da es sich nur um eine fehlerhafte Rechtsanwendung gehandelt hat, ist auch die Änderung nach einer anderen Korrekturvorschrift nicht möglich.
(Siehe auch *Lehrbuch Abgabenordnung*, Rdn. 306, 343–346)

2.

a) Der nach § 347 Abs. 1 Nr. 1 AO statthafte Einspruch wäre formgerecht (§ 357 Abs. 1 AO) und – wie oben dargelegt – fristgerecht. Da Weiß als Adressat des Einkommensteuerbescheides 01 zur Einspruchseinlegung befugt ist und durch die Steuerfestsetzung eine

Beschwer geltend machen kann, ist der Einspruch zulässig (§ 358 AO). Bei der Einspruchseinlegung kann er sich von Steuerberater Schlicht vertreten lassen (§§ 365 Abs. 1, 80 AO).

b) Das Finanzamt hätte als über den Einspruch entscheidende Behörde die Einkommensteuerfestsetzung 01 in vollem Umfang erneut zu prüfen (§§ 367 Abs. 1 Satz 1 und Abs. 2 Satz 1 AO). Dabei würde das Finanzamt sowohl auf den Fehler beim Spendenabzug als auch auf den Fehler bei den Werbungskosten stoßen und beide Fehler im Einspruchsverfahren beseitigen.

c) Grundsätzlich entscheidet das Finanzamt über den Einspruch durch Einspruchsentscheidung (§ 367 Abs. 1 Satz 1 AO). Das Finanzamt kann jedoch von einer förmlichen Einspruchsentscheidung absehen, wenn es dem Einspruch „abhilft", d. h. dem Begehren des Einspruchsführers nachkommt (§ 367 Abs. 2 Satz 3 AO). Die Abhilfe erfolgt durch Änderungsbescheid. Rechtsgrundlage für den Abhilfebescheid ist § 172 Abs. 1 Nr. 2a AO. Die Voraussetzungen sind – wie oben dargelegt – gegeben. Da sich auch die Änderung bei den Werbungskosten zugunsten des Einspruchsführers auswirkt, kann seine Zustimmung unterstellt oder nachträglich eingeholt werden.

d) Aus § 132 AO ergibt sich, dass die Änderungsvorschriften auch während des außergerichtlichen Rechtsbehelfsverfahrens gelten.

Das Finanzamt hätte also aufgrund des Einspruchs durch **Abhilfebescheid** gemäß §§ 367 Abs. 2 Satz 3, 172 Abs. 1 Nr. 2a, 132 AO den Einkommensteuerbescheid 01 in der Weise zu ändern, dass der gerügte Fehler beim Spendenabzug und der von Amts wegen entdeckte Fehler bei den Werbungskosten beseitigt würden.
(Siehe auch *Lehrbuch Abgabenordnung*, Rdn. 347, 849–852)

3. Entdeckt ein Steuerpflichtiger vor Ablauf der Rechtsbehelfsfrist, dass ein Steuerbescheid einen Fehler zu seinen Lasten enthält, so kann er eine niedrigere Steuerfestsetzung erreichen, wenn er **vor Ablauf der Rechtsbehelfsfrist**

— entweder einen Antrag auf „schlichte" Änderung stellt (§ 172 Abs. 1 Nr. 2a AO)

— oder einen Einspruch (§ 347 Abs. 1 AO) einlegt.

a) Der Einspruch und der Antrag auf „schlichte Änderung" unterscheiden sich hinsichtlich der Form. Während der Einspruch der Schriftform bedarf (§ 357 Abs. 1 AO), kann der Antrag auf schlichte Änderung auch mündlich oder telefonisch gestellt werden.

b) Nach einem zulässigen Einspruch ist die Steuerfestsetzung in vollem Umfang erneut zu prüfen (§ 367 Abs. 2 Satz 1 AO). Der Einspruchsführer kann den Einspruchsantrag jederzeit erweitern, das Finanzamt muss Rechtsfehler aller Art im Rahmen des Einspruchsverfahrens beseitigen. Eine **Verböserung** ist möglich, aber nur nach vorhergehender Gewährung von rechtlichem Gehör (§ 367 Abs. 2 Satz 2 AO). Die Verböserung kann der Einspruchsführer durch Rücknahme des Einspruchs verhindern (§ 362 AO). Eine Änderung zum Nachteil des Steuerpflichtigen ist dann nur noch möglich, sofern entsprechende Korrekturvorschriften voliegen.

Hingegen ist eine Erweiterung des Antrags auf schlichte Änderung nur bis zum Ablauf der Rechtsbehelfsfrist möglich; das Finanzamt muss allerdings im Rahmen einer „schlichten Änderung" materielle Fehler nach § 177 AO durch Saldierung mitberichten.

c) Über den Einspruch entscheidet das Finanzamt durch Einspruchsentscheidung oder Abhilfebescheid; dem Antrag auf „schlichte Änderung" wird durch Änderungsbescheid stattgegeben, sofern die Änderung nicht abzulehnen ist.

d) Nach einem Einspruch kann Aussetzung der Vollziehung (§ 361 AO) gewährt werden. Dies ist nach einem Antrag auf schlichte Änderung nicht möglich.
(Siehe auch *Lehrbuch Abgabenordnung*, Rdn. 559 f.)

4.

a) Der fristgerechte Antrag auf schlichte Änderung führt zu einer Ablaufhemmung (§ 171 Abs. 3 AO).

b) Auch der zulässige Einspruch löst eine Ablaufhemmung aus (§ 171 Abs. 3a AO).

Festsetzungsverjährung kann also nicht eintreten, bevor das Finanzamt über den Antrag bzw. den Einspruch entschieden hat.

5. Einspruchsentscheidungen sind Steuerfestsetzungen in einer besonderen Ausgestaltung. Daher gelten die Korrekturvorschriften für Steuerbescheide auch für Einspruchsentscheidungen (§ 172 Abs. 1 Satz 2 AO). So kann das Finanzamt z. B. aufgrund eines vor Ablauf der Klagefrist gestellten Antrags eine Einspruchsentscheidung „schlicht" ändern oder einer fristgerecht erhobenen Klage abhelfen (§ 172 Abs. 1 Satz 3, Abs. 1 Nr. 2a AO).

Änderung wegen neuer Tatsachen, Steuergeheimnis, Kontrollmitteilung, rechtliches Gehör vor Erlass von Änderungsbescheiden

FALL 13

Sachverhalt: Der Angestellte Norbert Neuner erhielt den Einkommensteuerbescheid 01 am 9.9.02 (Einkommensteuer: 60 000 €). Entsprechend seiner Erklärung waren dabei auch Einkünfte aus Kapitalvermögen in Höhe von 2 000 € versteuert worden.

Am 3.3.03 erhielt das für Neuner zuständige Wohnsitzfinanzamt eine Kontrollmitteilung des Betriebsprüfers Fabian Forsch, nach der Neuner aufgrund der Feststellungen im Rahmen der Betriebsprüfung beim Zeitschriftenhändler Xaver Dreier für das Jahr 01 Zinsen in Höhe von 15 000 € erhalten haben soll.

Eine Anfrage des Finanzamtes wegen dieses Sachverhaltes beantwortet Neuner mit dem Hinweis, dass er im Jahre 01 ein Grundstück gekauft habe, das er zu seiner Alterssicherung mit einem Dreifamilienhaus bebauen wolle. In diesem Zusammenhang habe er – entsprechend der beigefügten Bestätigung seiner Bank – 14 200 € Zinsen für die Finanzierung zahlen müssen; ihm sei also von dem Zufluss von Dreier kaum etwas verblieben.

AUFGABE:

1. Darf das Finanzamt Feststellungen aus der Betriebsprüfung bei einem Dritten gegen Neuner verwerten?

2. Ist Neuner vor der Änderung des Einkommensteuerbescheides 01 Gelegenheit zur Äußerung zu geben?

3. Ist der Einkommensteuerbescheid 01 wegen der dem Finanzamt bekannt gewordenen Tatsachen zu ändern?

LITERATURHINWEIS

Lehrbuch Abgabenordnung, Rdn. 57 ff., 161, 343, 350–362

LÖSUNG

1. Der Verwertung der Feststellungen aus der Betriebsprüfung bei Dreier gegen Neuner könnte das Steuergeheimnis (§ 30 AO) entgegenstehen. Nach dieser Vorschrift dürfen Amtsträger (§ 7 AO) Verhältnisse eines anderen, die ihnen in einem Verwaltungsverfahren bekannt geworden sind, nicht unbefugt offenbaren (§ 30 Abs. 2 Nr. 1a AO).

   a) Die Durchführung einer Außenprüfung (vgl. §§ 193 ff. AO) ist Teil des steuerlichen Ermittlungsverfahrens und damit Verwaltungsverfahren. Betriebsprüfer Forsch verletzte das Steuergeheimnis nicht, da die Offenbarung von durch eine Außenprüfung erlangten Kenntnissen zulässig ist, wenn sie der Durchführung eines Besteuerungsverfahrens dient (§ 30 Abs. 4 Nr. 1 AO).

   b) Fraglich könnte sein, ob der Betriebsprüfer Forsch befugt war, die Gelegenheit der Prüfung bei Dreier dafür zu nutzen, **Kontrollmitteilungen** für die Akten anderer Personen zu fertigen. § 194 Abs. 3 AO lässt die Feststellung und Auswertung von Verhältnissen Dritter anlässlich einer Außenprüfung ausdrücklich zu (§ 30 Abs. 4 Nr. 2 AO).

   Das für Neuner zuständige Wohnsitzfinanzamt darf also die von dem Betriebsprüfer Forsch rechtmäßig erlangten Kenntnisse verwerten.
   (Siehe auch *Lehrbuch Abgabenordnung*, Rdn. 57 ff.)

2. Neuner hat sich zu den für die Festsetzung der Einkommensteuer 01 erheblichen Tatsachen durch Abgabe der Steuererklärung geäußert. Will das Finanzamt durch einen Änderungsbescheid die Steuer erhöhen, so greift es in die Rechte von Neuner ein. § 91 Abs. 1 AO gebietet, dass Neuner vor Erlass des Korrekturbescheides Gelegenheit zu geben ist, sich zu den für die Änderung erheblichen Tatsachen zu äußern **(rechtliches Gehör).**
   (Siehe auch *Lehrbuch Abgabenordnung*, Rdn. 161)

3. Der offensichtlich unanfechtbare Einkommensteuerbescheid 01 enthält keine offenbare Unrichtigkeit (§ 129 AO) und erging ohne Nebenbestimmung nach §§ 164, 165 AO. Eine Korrektur kommt daher nur nach §§ 172 ff. AO in Betracht.

Eine Änderung nach § 172 Abs. 1 Nr. 2a AO setzt voraus, dass der Steuerpflichtige zustimmt. Im vorliegenden Fall hat Neuner zwar zugestanden, dass ihm die Zinsen zugeflossen sind. Insoweit liegt eine **Wissenserklärung** vor, nicht aber eine **Willenserklärung** des Inhalts, dass er mit einer steuererhöhenden Änderung einverstanden ist (AEAO zu § 172 Nr. 3). Eine Änderung nach § 172 Abs. 1 Nr. 2a AO ist daher nicht zulässig.
(Siehe auch *Lehrbuch Abgabenordnung*, Rdn. 343)

Zu prüfen ist die Änderung wegen neuer Tatsachen nach § 173 AO.

a) Nach § 173 Abs. 1 Nr. 1 AO ist ein Steuerbescheid zu ändern, wenn

- nachträglich

- Tatsachen bekannt werden,

- die zu einer höheren Steuer führen.

Tatsachen sind alle steuererheblichen Lebenssachverhalte, also auch der Zinszufluss (AEAO zu § 173 Nr. 1.1).

Eine Tatsache wird nachträglich bekannt, wenn das Finanzamt erst nach Abschluss der Willensbildung über die Steuerfestsetzung durch den zuständigen Bearbeiter von ihr Kenntnis erlangt (AEAO zu § 173 Nr. 2.1). Von dem Zufluss der Zinsen hatte der zuständige Bearbeiter erst nach abschließender Bearbeitung des Steuerfalles Kenntnis erlangt.

Da die bisher nicht erfassten Zinseinnahmen zu einer höheren Einkommensteuer 01 führen, liegen insoweit die Voraussetzungen für eine Änderung nach § 173 Abs. 1 Nr. 1 AO vor.

b) Es ist jedoch noch zu würdigen, welche Auswirkungen der von Neuner vorgetragene Sachverhalt hat. Der Grundstückskauf soll nach dem Bau eines Dreifamilienhauses zu Einkünften aus Vermietung und Verpachtung führen. Die Zinsen aufgrund der Anschaffung des Grundstücks stellen also vorweggenommene Werbungskosten dar.

Wegen dieser Tatsache, die zu einer niedrigeren Einkommensteuer 01 führt, kommt eine Änderung nach § 173 Abs. 1 Nr. 2 AO in Betracht.

Danach ist ein Steuerbescheid zu ändern, wenn

- nachträglich

- steuererhebliche

- Tatsachen bekannt werden,

- die zu einer niedrigeren Steuer führen und

- den Steuerpflichtigen an dem nachträglichen Bekanntwerden kein grobes Verschulden trifft oder ein Zusammenhang mit steuererhöhenden neuen Tatsachen besteht.

Auch die Tatsache der Zinszahlungen wurde dem Finanzamt erst nach abschließender Bearbeitung der Einkommensteuerfestsetzung für 01 vom September 02 bekannt.

Die Tatsache ist auch steuererheblich (AEAO zu § 173 Nr. 3). Bei Kenntnis der vorweggenommenen Werbungskosten zu den Einkünften aus Vermietung und Verpachtung hätte das Finanzamt die Einkommensteuer 01 im September 02 niedriger festgesetzt.

Ein unmittelbarer Zusammenhang nach § 173 Abs. 1 Satz 2 AO, wonach das Verschulden am nachträglichen Bekanntwerden der steuermindernden Tatsache unbeachtlich ist, liegt nicht vor. Ein derartiger Zusammenhang ist nur gegeben, wenn die steuererhöhenden Zinseinnahmen die steuermindernden Zinszahlungen bedingt haben. Die durch Hingabe eines Darlehens an den Zeitungshändler erhaltenen Zinseinnahmen hängen aber nicht mit den der Bank geschuldeten Finanzierungszinsen derart zusammen, dass der eine ohne den anderen Vorgang nicht denkbar ist.

Für eine Änderung wegen neuer Tatsachen zugunsten des Steuerpflichtigen ist daher erforderlich, dass den Steuerpflichtigen kein grobes Verschulden an dem erst nachträglichen Bekanntwerden trifft. Grobes Verschulden setzt Vorsatz oder grobe Fahrlässigkeit voraus, d. h. Neuner muss die ihm persönlich zuzumutende Sorgfalt in ungewöhnlichem Maße und in nicht entschuldbarer Weise verletzt haben (AEAO zu § 173 Nr. 5.1). Daher kann grobes Verschulden vorliegen, wenn der Steuerpflichtige seiner Erklärungspflicht unzureichend nachkommt, indem er unzutreffende oder unvollständige Angaben macht, z. B. eine in der Steuererklärung ausdrücklich gestellte Frage nicht beachtet. Für ein grobes Verschulden gibt der Sachverhalt keine Anhaltspunkte.

Bezüglich der von Neuner gezahlten Zinsen liegen die Voraussetzungen für eine Änderung nach § 173 Abs. 1 Nr. 2 AO vor.

Der Einkommensteuerbescheid kann also wegen der dem Finanzamt bekannt gewordenen Tatsachen nach § 173 Abs. 1 Nr. 1 und 2 AO geändert werden.
(Siehe auch *Lehrbuch Abgabenordnung*, Rdn. 350–362)

Widerstreitende Steuerfestsetzungen, Hinzuziehung im Korrekturverfahren

FALL 14

Sachverhalt: Die 69-jährige Maria Erb veräußerte ihren Gewerbebetrieb im Jahr 01 an ihre Nichte Olga Müller. Im Zuge dieser Veräußerung wurden einzelne Wirtschaftsgüter an Dritte verkauft.

Die daraus resultierenden Gewinne (15.000 €) hat das Finanzamt bei der Veranlagung 01 der Olga Müller zugerechnet. Die Einkommensteuerveranlagung 01 für Maria Erb wurde unanfechtbar. Die Nichte Olga Müller legte gegen ihren Einkommensteuerbescheid 01 einen zulässigen Einspruch ein mit dem Antrag, die Veräußerungsgewinne nicht bei ihr, sondern bei ihrer Tante Maria Erb zu berücksichtigen.

Das Finanzamt zog die Tante Maria Erb gem. § 174 Abs. 5 Satz 2, § 360 Abs. 1 AO ordnungsgemäß zum Rechtsbehelfsverfahren der Nichte hinzu. Dem Einspruch der Nichte wurde durch Abhilfebescheid nach § 172 Abs. 1 Nr. 2a, § 367 Abs. 2 Satz 3 AO am 10. 9. 03 entsprochen.

Am 7. 11. 03 erhielt Maria Erb vom Finanzamt eine Ankündigung, dass aufgrund des Ausgangs des Rechtsbehelfsverfahrens ihr Einkommensteuerbescheid 01 dahingehend geändert werden müsse, dass die Veräußerungsgewinne i. H. von 15.000 € bei ihr anzusetzen seien.

AUFGABE:

1. Welche Bedeutung hat das Schreiben des Finanzamtes vom 7. 11. 03 an die Tante Maria Erb?

2. Welchen Zweck hat die Hinzuziehung der Tante Maria Erb zum Einspruchsverfahren der Nichte?

3. Kann der Einkommensteuerbescheid 01 der Tante Maria Erb noch geändert werden?

LITERATURHINWEIS

Lehrbuch Abgabenordnung, Rdn. 374–378, 839 f.

LÖSUNG

1. Bevor ein Verwaltungsakt erlassen wird, der in die Rechte eines Steuerpflichtigen eingreift, soll diesem Gelegenheit gegeben werden, sich zu den erheblichen Tatsachen zu äußern (§ 91 Abs. 1 Satz 1 AO). Da der Änderungsbescheid zu einer Steuererhöhung führen wird, greift er in die Rechte der Maria Erb ein. Daher soll vorher eine Anhörung erfolgen.

2. Einspruchsentscheidungen wirken grundsätzlich nur zwischen dem Rechtsbehelfsführer und dem Finanzamt.

   Die Hinzuziehung (§ 360 AO) hat den Zweck, Dritte am Einspruchsverfahren zu beteiligen, denen gegenüber die Entscheidung bindend sein soll.

   Dem Hinzugezogenen stehen im Einspruchsverfahren dieselben Rechte zu wie dem Einspruchsführer (§ 360 Abs. 4 AO): Der Hinzugezogene kann Anträge stellen. Die Entscheidung wird auch ihm bekannt gegeben (§§ 366, 359 Nr. 2 AO). Er ist klagebefugt. Ein Abhilfebescheid, der das Einspruchsverfahren beendet, kann daher nur ergehen, wenn auch die Hinzugezogene zustimmt (AEAO zu § 174 Nr. 8 Abs. 4).

3. Da der Einkommensteuerbescheid 01 der Tante Maria Erb unanfechtbar wurde, kommt nur eine Änderung im Korrekturverfahren in Betracht.

   a) Die Veranlagung enthielt einen Rechtsfehler. Der Bescheid kann daher nicht nach § 129 AO berichtigt werden.

   b) Maria Erb wird der steuererhöhenden Änderung nicht zustimmen, so dass auch eine Änderung nach § 172 Abs. 1 Nr. 2a AO ausscheidet.

   c) Die Veräußerungsvorgänge waren dem Finanzamt bei der Veranlagung bekannt. Die Voraussetzungen für eine Änderung nach § 173 Abs. 1 Nr. 1 AO liegen daher nicht vor.

   d) In Betracht kommt jedoch eine Änderung nach § 174 Abs. 4 AO (AEAO zu § 174 Nr. 7):

   – „Aufgrund irriger" steuerrechtlicher Einordnung Veräußerungsgewinne war der Einkommensteuerbescheid 01 gegen die Nichte ergangen.

- Dieser Steuerbescheid wurde aufgrund des Einspruchs der Nichte zugunsten der Nichte geändert.

- Daher können aus dem Sachverhalt nachträglich durch Änderung eines Steuerbescheides die richtigen steuerlichen Folgen gezogen werden (§ 174 Abs. 4 Satz 1 AO).

Bestimmter Sachverhalt i. S. v. § 174 Abs. 4 AO ist ein einheitlicher Lebensvorgang, aus dem steuerrechtliche Folgerungen sowohl beim Einspruchsführer als auch bei einem Dritten zu ziehen sind. Die steuerrechtlichen Folgen brauchen bei beiden nicht die gleichen zu sein. Aufgrund ein und desselben Sachverhalts kann beim Einspruchsführer eine abziehbare Ausgabe und beim Dritten eine Einnahme in Betracht kommen. Nach einer Richtigstellung der rechtlichen Beurteilung zugunsten des einen Steuerpflichtigen kann damit korrespondierend aus dem einheitlichen Lebenssachverhalt die rechtliche Folgerung auch bei dem anderen Steuerpflichtigen zu dessen Lasten gezogen werden (AEAO zu § 174 Nr. 9, BFH v. 24. 11. 1987 IX R 158/83, BStBl II 1988, 404).

Auch die Voraussetzungen der Beteiligung der Nichte als „Dritter" am Einspruchsverfahren (§ 174 Abs. 5 Satz 1 AO) ist durch die ordnungsgemäße Hinzuziehung gewahrt (§§ 174 Abs. 5 Satz 2, 360 Abs. 1 AO, AEAO zu § 174 Nr. 8). Die Tante muss die materiell-rechtliche Beurteilung des einheitlichen Lebensvorganges aufgrund der Hinzuziehung gegen sich gelten lassen (§§ 360 Abs. 4, 359 Nr. 2 AO).

Der unanfechtbare Einkommensteuerbescheid der Tante kann aufgrund von § 174 Abs. 4 AO zu deren Lasten geändert werden.

Änderung von Folgebescheiden, Festsetzungsverjährung und Feststellungsverjährung, Ablaufhemmung

FALL 15

Sachverhalt: Fritz Folger und Günter Grund sind die Gesellschafter der Grund u. Folger GbR, einer zum 1. 1. 01 gegründeten BGB-Gesellschaft, die Immobilien vermittelt. Nach der Gewinnverteilungsabrede entfällt auf jeden der Mitunternehmer die Hälfte des Gewinns.

Die Grund und Folger GbR reichte die Erklärung zur Gewinnfeststellung für 01 Ende des Jahres 02 beim zuständigen Finanzamt Augsburg ein. Die Gesellschafter benannten keinen Empfangsbevollmächtigten. Die Veranlagung wurde entsprechend der Erklärung durchgeführt. Der Feststellungsbescheid 01 wurde den Gesellschaftern im Februar 03 ordnungsgemäß bekannt gegeben. Wegen nicht erfasster Betriebseinnahmen wurde – nach Anhörung der Gesellschafter – ein gemäß § 173 Abs. 1 Nr. 1 AO geänderter Gewinnfeststellungsbescheid 01 mit dem Hinweis: „Der nach Ablauf der Feststellungsfrist ergangene, geänderte Feststellungsbescheid 01 hat nur Bedeutung für Feststellungsbeteiligte, bei denen die Festsetzungsverjährung für die Einkommensteuer 01 erst nach dem 31. 12. 06 eintritt" am 28. 12. 07 an Folger zur Post gegeben. Folger erhielt den Bescheid am 3. 1. 08. Der Gewinn für das Jahr 01 war von 100 000 € um 24 000 € auf 124 000 € erhöht und den Gesellschaftern zu je 62 000 € zugerechnet worden.

Ihre Einkommensteuererklärungen für 01 hatten Grund im Jahre 02 und Folger im Jahre 03 beim zuständigen Finanzamt abgegeben. Die Einkommensteuerbescheide 01 hatten sie im Juni 03 erhalten. Im Mai 08 erhielten Grund und Folger geänderte Einkommensteuerbescheide für 01, durch die ihre Gewinnanteile von 50 000 € auf 62 000 € erhöht wurden.

AUFGABE:

1. Was sind Grundlagenbescheide?

2. Durfte der geänderte Feststellungsbescheid 01 am 28.12.07 noch an Folger versandt werden?

3. Durften die Einkommensteuerbescheide 01 für die Gesellschafter Grund und Folger im Jahre 08 noch geändert werden?

4. Was würden Sie Grund bzw. Folger empfehlen?

LITERATURHINWEIS

Lehrbuch Abgabenordnung, Rdn. 229–231, 379–381, 571–574, 580–588

LÖSUNG

1. Soweit für die Festsetzung einer Steuer durch einen anderen Verwaltungsakt eine Besteuerungsgrundlage bindend festgestellt wird, spricht man von einem **Grundlagenbescheid** (vgl. § 171 Abs. 10 AO).

   Besteuerungsgrundlagen sind die tatsächlichen und rechtlichen Verhältnisse, die für die Besteuerung maßgebend sind (vgl. § 199 Abs. 1 AO), z. B. für die Einkommensteuer u. a. die verschiedenen Einkünfte sowie die Sonderausgaben. Die Besteuerungsgrundlagen sind regelmäßig unselbständige Teile des Steuerbescheides (§ 157 Abs. 2 AO); sie dienen der Begründung der Steuerfestsetzung (vgl. § 121 Abs. 1 AO).

   Ausnahmsweise werden Besteuerungsgrundlagen durch **Feststellungsbescheide gesondert** festgestellt, soweit dies gesetzlich bestimmt ist (§ 179 Abs. 1 AO). Derartige Feststellungsbescheide sind insbesondere die **Einheitswertbescheide** (§ 180 Abs. 1 Nr. 1 AO, § 19 BewG) und die **Einkunftsfeststellungsbescheide** (§ 180 Abs. 1 Nr. 2 AO). Da die Feststellungsbescheide bindende Grundlagen für Steuerbescheide **(Folgebescheide)** enthalten (vgl. § 182 Abs. 1 AO), werden sie Grundlagenbescheide genannt.

   Im vorliegenden Fall ist der Gewinn für die Grund und Folger GbR gem. §§ 180 Abs. 1 Nr. 2a, 179 Abs. 2 Satz 2 AO durch das Betriebsfinanzamt (§ 18 Abs. 1 Nr. 2 AO) einheitlich und gesondert festzustellen. Der (Gewinn-)Feststellungsbescheid ist Grundlagenbescheid für die Einkommensteuerfestsetzungen der Gesellschafter.
   (Siehe auch *Lehrbuch Abgabenordnung*, Rdn. 229–231)

2. Am 28.12.07 durfte noch ein geänderter Feststellungsbescheid für 01 ergehen, wenn

   – die Voraussetzungen für eine Korrektur vorlagen und

   – **Feststellungsverjährung** noch nicht eingetreten war.

   a) Für Feststellungsbescheide gelten die Vorschriften für die Korrektur von Steuerbescheiden sinngemäß (§ 181 Abs. 1 Satz 1 AO). Soweit dem Finanzamt nachträglich gewinnerhöhende Tatsachen bekannt wurden, lagen die Voraussetzungen für eine Änderung des Feststellungsbescheides nach § 173 Abs. 1 Nr. 1 AO vor.

   b) Fraglich erscheint, ob Feststellungsverjährung eingetreten war (vgl. §§ 181 Abs. 1, 169 ff. AO).

   Die Grund und Folger GbR hat die Erklärung zur einheitlichen und gesonderten Feststellung 01 (vgl. §§ 181 Abs. 2 Nr. 1, 180 Abs. 1 Nr. 2a, 179 Abs. 2 Satz 2 AO) im Jahre 02 abgegeben. Die Feststellungsfrist beginnt daher mit Ablauf des Kalenderjahres 02 zu laufen (§ 170 Abs. 2 Nr. 1 AO), dauert 4 Jahre (§ 169 Abs. 2 Nr. 2 AO) und endet planmäßig mit Ablauf des Jahres 06.

Nach § 181 Abs. 5 Satz 1 AO kann auch nach Ablauf der planmäßigen Feststellungsfrist eine gesonderte Feststellung erfolgen, wenn sie für die Steuerfestsetzung von einzelnen Feststellungsbeteiligten noch von Bedeutung ist, d. h. bei einzelnen Feststellungsbeteiligten **Festsetzungsverjährung** noch nicht eingetreten ist (BFH v. 27.8.1997 XI R 72/96, BStBl II 1997, 750). Hierauf ist im Feststellungsbescheid hinzuweisen (§ 181 Abs. 5 Satz 2 AO; AEAO zu § 181 Nr. 1).

Der Hinweis nach § 181 Abs. 5 Satz 2 AO ist ordnungsgemäß erfolgt. Er hat nicht nur Begründungsfunktion, sondern Regelungscharakter (BFH v. 11.1.1995 II R 125/91, BStBl II 1995, 302), weil mit ihm der zeitliche Geltungsbereich der getroffenen Feststellungen abweichend von § 182 Abs. 1 AO bestimmt wird. Der Hinweis muss daher entsprechend den Bestimmtheitserfordernissen des §§ 119 Abs. 1 AO unmissverständlich zum Ausdruck bringen, „dass die Feststellungen nach Ablauf der Feststellungsfrist getroffen wurden und daher nur noch für Folgesteuern von Bedeutung sind, für die die **Festsetzungsfrist** im Zeitpunkt der gesonderten Feststellung noch nicht abgelaufen war" (BFH v. 17.8.1989 IX R 76/88, BStBl II 1990, 411; AEAO zu § 181 Nr. 1 Satz 3). Diesen Anforderungen genügt der Hinweis im Feststellungsbescheid 01 vom 28.12.07.

Grund hat seinen Einkommensteuerbescheid für das Jahr 01 im Jahr 02 abgegeben. Die Festsetzungsfrist für die Einkommensteuer 01 begann daher mit Ablauf des Jahres 02 (§ 170 Abs. 2 Nr. 2 AO, § 25 Abs. 3 EStG), dauerte 4 Jahre (§ 169 Abs. 2 Nr. 2 AO) und endete mit Ablauf 06. Die Festsetzungsfrist für die Einkommensteuer 01 des Grund war also abgelaufen, als der geänderte Feststellungsbescheid 01 im Jahre 07 versandt wurde. Der Feststellungsbescheid 01 hat daher für die Einkommensteuerfestsetzung 01 des Grund keine Bedeutung mehr.

Folger hat seine Einkommensteuererklärung für das Jahr 01 im Jahre 03 abgegeben. Die Festsetzungsfrist begann daher mit Ablauf des Jahres 03 (§ 170 Abs. 2 Nr. 1 AO), dauerte 4 Jahre und endete mit Ablauf des Jahres 07. Der Feststellungsbescheid 01 konnte somit im Jahre 07 wegen § 181 Abs. 5 AO noch mit Wirkung gegen Folger ergehen, da er noch Bedeutung für dessen Einkommensteuer hat. Dabei ist für die Wahrung der Festsetzungsfrist ausreichend, wenn der geänderte Feststellungsbescheid den Bereich des Finanzamtes noch im Jahre 07 verlässt (§§ 181 Abs. 1 Satz 1, 169 Abs. 1 Satz 3 Nr. 1 AO). Es ist also unbedeutend, dass die Bekanntgabe erst am 3. 1. 08 erfolgte (AEAO zu § 169 Nr. 1, BFH v. 25. 11. 2002 Gr S 2/01, BStBl II 2003, 548).

(Siehe auch *Lehrbuch Abgabenordnung*, Rdn. 580–588)

3. Die Einkommensteuerbescheide 01 für die Gesellschafter Grund und Folger durften im Jahre 08 noch geändert werden, wenn

- die Voraussetzungen für eine Korrektur vorlagen und

- Festsetzungsverjährung noch nicht eingetreten war.

a) Nach § 175 Abs. 1 Nr. 1 AO sind Steuerbescheide zu ändern, soweit ein Grundlagenbescheid, dem Bindungswirkung für diesen Steuerbescheid zukommt, geändert wird. Grund und Folger sind Mitunternehmer der Grund und Folger GbR (vgl. § 15 Abs. 1 Nr. 2 EStG). Der geänderte Bescheid über die einheitliche und gesonderte Feststellung und Verteilung der Einkünfte der GbR (§§ 180 Abs. 1 Nr. 2a, 179 Abs. 2 Satz 2 AO) hat aufgrund des Hinweises nach § 181 Abs. 5 Satz 2 AO nur Bindungswirkung für den Einkommensteuerbescheid des Mitunternehmers Folger (§ 182 Abs. 1 AO). Aufgrund der Änderung des Feststellungsbescheides 01 lagen daher nur die Voraussetzungen für die Änderung des Einkommensteuerbescheides 01 des Gesellschafters Folger nach § 175 Abs. 1 Nr. 1 AO vor. Die Änderung des Einkommensteuerbescheides 01 für den Feststellungsbeteiligten Grund ist dagegen rechtswidrig.

b) Für die Korrektur des Einkommensteuerbescheides 01 für Folger nach § 175 Abs. 1 Nr. 1 AO war die Festsetzungsverjährung noch nicht eingetreten. Folger, der zur Abgabe einer Einkommensteuererklärung verpflichtet war (§ 149 Abs. 1 Satz 1 AO, § 25 Abs. 3 EStG), hat die Erklärung für das Jahr 01 erst im Jahre 03 eingereicht. Nach § 170 Abs. 2 Nr. 1 AO beginnt die Festsetzungsfrist daher erst mit Ablauf des Jahres 03 zu laufen.

Sie dauert nach § 169 Abs. 2 Nr. 2 AO 4 Jahre und endet planmäßig mit Ablauf des Jahres 07.

Zu prüfen ist daher, ob die Voraussetzungen für eine Ablaufhemmung vorliegen; in Betracht kommt § 171 Abs. 10 Satz 1 AO. Da am 28. 12. 07 der für die Einkommensteuer 01 bindende Feststellungsbescheid 01 für die GbR zur Post gegeben wurde, endete die Festsetzungsfrist daher nicht vor Ablauf von zwei Jahren nach Bekanntgabe des Grundlagenbescheides. Da der geänderte Grundlagenbescheid 01 nach dem Sachverhalt erst am 3. 1. 08 bekannt gegeben wurde, endet die Festsetzungsfrist für den geänderten Einkommensteuerbescheid 01 erst mit Ablauf des 3. 1. 10.

Der Einkommensteuerbescheid 01 für Folger durfte also im Mai 08 noch geändert werden.

(Siehe auch *Lehrbuch Abgabenordnung*, Rdn. 379–381, 571–574)

4. Da die Festsetzungsfrist für die Einkommensteuer 01 des Gesellschafters Grund bei Versendung des geänderten Feststellungsbescheides 01 am 28. 12. 07 abgelaufen war und dem geänderten Feststellungsbescheid 01 gegenüber Grund daher keine Bindungswirkung zukommt, durfte die Einkommensteuerfestsetzung 01 für Grund im Jahre 08 nicht mehr geändert werden.

Der geänderte Einkommensteuerbescheid ist daher rechtswidrig, aber nicht nichtig i. S. d. § 125 Abs. 1 AO, da der besonders schwerwiegende Fehler bei verständiger Würdigung aller in Betracht kommenden Umstände nicht offenkundig ist.

Daher muss Grund gegen den geänderten Einkommensteuerbescheid 01 form- und fristgerecht Einspruch einlegen (§§ 347 Abs. 1 Nr. 1, 357 Abs. 1, 355 Abs. 1 Satz 1 AO), um die Aufhebung der rechtswidrigen Änderung zu erreichen.

Änderung bei rückwirkendem Ereignis, Festsetzungsverjährung

FALL 16

Sachverhalt: Mit Vertrag vom 12. 12. 01 übergab Anton Alt sein Ingenieurbüro an Jürgen Jung. Dieser übernahm zum 31. 12. 01 alle Vermögenswerte und Verbindlichkeiten und verpflichtete sich, an Alt in monatlichen Teilbeträgen von 5 000 € ab 15. 1. 02 den errechneten Firmenwert in Höhe von 600 000 € zu zahlen.

Der Steuererklärung des Alt folgend setzte das Finanzamt die Einkommensteuer 01 durch Bescheid vom 15. 9. 02 unter Berücksichtigung des Veräußerungspreises von 600 000 € fest.

Wesentliche Kalkulationsgrundlage für den Firmenwert war der Planungs- und Bauleitauftrag für ein über 10 Jahre laufendes Großprojekt. Wegen ernstlicher Meinungsverschiedenheiten kündigte der Kunde dieses Projektes den Auftrag mit Wirkung zum 31. 12. 05.

Mit Schreiben vom 10. 10. 05 focht Jung den Übernahmevertrag vom 12. 12. 01 gegenüber Alt mit der Begründung an, der Auftrag für das Großprojekt sei Kalkulationsfaktor für den Kaufpreis gewesen. Daraufhin wurde der Kaufpreis durch Vereinbarung vom 12. 12. 06 auf 300 000 € herabgesetzt. Im Januar 07 beantragte Anton Alt gegenüber dem Finanzamt, die Einkommensteuer 01 nunmehr unter Berücksichtigung eines Veräußerungspreises von 300 000 € zu ermitteln.

AUFGABE:

1. Nach welcher Vorschrift kommt eine Änderung des Einkommensteuerbescheides 01 des Anton Alt vom 15. 9. 02 in Betracht?

2. Kann der Einkommensteuerbescheid 01 vom 15. 9. 02 aufgrund des im Jahre 07 gestellten Antrages noch geändert werden?

3. Muss das Finanzamt den etwaigen Änderungsbescheid bis zu einem bestimmten Zeitpunkt zur Post geben?

LITERATURHINWEIS

Lehrbuch Abgabenordnung, Rdn. 328, 351, 358, 382, 387 f., 548, 578

LÖSUNG

1. Der Einkommensteuerbescheid 01 vom 15. 9. 02 ist im Jahre 07 offensichtlich unanfechtbar. Eine Änderung kann daher nur erfolgen, wenn

   – die Voraussetzungen für eine Korrekturvorschrift vorliegen und

   – Festsetzungsverjährung noch nicht eingetreten ist.

   a) Alt hat eine Änderung des Einkommensteuerbescheides 01 zu seinen Gunsten beantragt. Da der Antrag auf Änderung nicht vor Ablauf der Rechtsbehelfsfrist gestellt wurde, kommt eine Änderung nach § 172 Abs. 1 Nr. 2a AO nicht in Betracht.
   (Siehe auch *Lehrbuch Abgabenordnung*, Rdn. 328)

   b) Auch § 173 Abs. 1 Nr. 2 AO kommt als Rechtsgrundlage für eine Änderung nicht in Betracht.

   – Zwar ist die Herabsetzung des Kaufpreises für die Übernahme des Ingenieurbüros eine Tatsache, die zu einer niedrigeren Steuer führt,

   – die Tatsache ist dem für die Besteuerung des Alt zuständigen Amtsträger auch erst nach abschließender Zeichnung des Eingabebogens für die Festsetzung der Einkommensteuer 01 des Alt bekannt geworden.

   – Voraussetzung für eine Änderung wegen neuer Tatsachen ist aber weiterhin, dass der steuerlich relevante Sachverhalt, hier also die Minderung des Kaufpreises, bei abschließender Bearbeitung der erstmaligen Veranlagung vom 15. 9. 02 bereits vorhanden, nur dem Finanzamt nicht bekannt war (BFH v. 21. 4. 1988 IV R 25/85, BStBl II 1988, 863). Hieran fehlt es. Denn der Einkommensteuerbescheid 01 wurde im Jahre 02 abschließend bearbeitet, hingegen erfolgte die Kaufpreisänderung erst im Jahre 06.

   Eine Änderung nach § 173 Abs. 1 Nr. 2 AO scheidet daher aus.
   (Siehe auch *Lehrbuch Abgabenordnung*, Rdn. 351, 358)

   c) In Betracht kommt jedoch eine Änderung nach § 175 Abs. 1 Nr. 2 AO wegen Eintritts eines Ereignisses, das steuerliche Wirkung für die Vergangenheit hat.

   – Ereignis i. S. v. § 175 Abs. 1 Nr. 2 AO ist die Kaufpreisminderung.

   – Die Kaufpreisminderung wirkt sich steuerlich im Jahre 01 aus, denn sie führt zu einer Verringerung des Veräußerungsgewinns im Rahmen der Einkünfte aus selbständiger Arbeit des Jahres 01.

   – Das Ereignis, die Kaufpreisminderung, ist auch nachträglich, d. h. nach Ergehen des Einkommensteuerbescheides 01 vom 15. 9. 02 eingetreten und hat zu einer Änderung des Sachverhaltes geführt, welcher vom Finanzamt der Steuerfestsetzung zugrunde gelegt wurde (BFH v. 26. 10. 1988 II R 55/86, BStBl II 1989, 75).

   – Ob ein Ereignis i. S. d. § 175 Abs. 1 Nr. 2 AO zurückwirkt, beurteilt sich nach dem jeweils anzuwendenden Steuergesetz. Ein **rückwirkendes Ereignis** liegt vor, wenn Veräußerer und Erwerber sich zwar zunächst über den Veräußerungspreis geeinigt haben, es jedoch zu einem späteren Zeitpunkt zu rechtlichen Auseinandersetzungen über die Berechnungsgrundlage für die Ermittlung dieses Preises kommt und diese durch die Herabsetzung des ursprünglich vereinbarten Kaufpreises beigelegt werden (BFH v. 19. 7. 1993 GrS 2/92, BStBl II 1993, 897).

Die Voraussetzungen für eine Änderung des Einkommensteuerbescheides 01 vom 15. 9. 02 nach § 175 Abs. 1 Nr. 2 AO liegen vor.
(Siehe auch *Lehrbuch Abgabenordnung*, Rdn. 382, 387 f.)

2. Der Einkommensteuerbescheid 01 vom 15. 9. 02 kann aufgrund des im Jahre 07 gestellten Antrages nach § 175 Abs. 1 Nr. 2 AO noch geändert werden, wenn die Festsetzungsfrist noch nicht abgelaufen ist (§ 169 Abs. 1 Satz 1 AO).

Da für die Einkommensteuer Steuererklärungen abzugeben sind (§ 149 Abs. 1 Satz 1 AO, § 25 Abs. 3 EStG, § 56 EStDV), beginnt die Festsetzungsfrist für die Einkommensteuer 01 mit Ablauf des Jahres der Erklärungsabgabe, hier also mit Ablauf des Jahres 02 (§ 170 Abs. 2 Nr. 1 AO). Abweichend hiervon beginnt die Festsetzungsfrist bei Änderungen wegen eines rückwirkenden Ereignisses erst mit Ablauf des Kalenderjahres, in dem das rückwirkende Ereignis eingetreten ist (§ 175 Abs. 1 Satz 2 AO). Das rückwirkende Ereignis, die Vereinbarung der Kaufpreisherabsetzung, erfolgte am 12. 12. 06. Die Festsetzungsfrist beginnt daher mit Ablauf des Jahres 06, dauert vier Jahre (§ 169 Abs. 2 Nr. 2 AO) und endet mit Ablauf des Jahres 10.

Da die Festsetzungsfrist für die nach § 175 Abs. 1 Nr. 2 AO zu ändernde Einkommensteuer 01 des Alt erst mit Ablauf des Jahres 10 endet, ist die Änderung aufgrund des im Jahre 07 gestellten Antrages möglich.
(Siehe auch *Lehrbuch Abgabenordnung*, Rdn. 388, 548)

3. Die Änderung des Einkommensteuerbescheides 01 ist nach Ablauf der Festsetzungsfrist nicht mehr zulässig (§ 169 Abs. 1 Satz 1 AO). Die Festsetzungsfrist ist nach § 169 Abs. 1 Nr. 1 AO gewahrt, wenn der Änderungsbescheid vor Ablauf der Festsetzungsfrist den Bereich des Finanzamtes **verlassen** hat und dem Empfänger nach Fristablauf tatsächlich zugeht (AEAO zu § 169 Nr. 1). Der Änderungsbescheid muss also dem Steuerpflichtigen nicht innerhalb der Festsetzungsfrist bekannt gegeben werden (§ 124 Abs. 1 AO).

Für den vorliegenden Sachverhalt endet die reguläre Festsetzungsfrist zwar mit Ablauf des Jahres 10. Alt stellte jedoch im Januar 07, also vor Ablauf der Festsetzungsfrist, einen Antrag auf Änderung des Einkommensteuerbescheides 01. Nach § 171 Abs. 3 AO läuft daher die Festsetzungsfrist insoweit nicht ab, bevor über den Antrag unanfechtbar entschieden worden ist.

Das Finanzamt muss also den geänderten Einkommensteuerbescheid für 01 an Alt nicht bis zu einem bestimmten Zeitpunkt zur Post geben.
(Siehe auch *Lehrbuch Abgabenordnung*, Rdn. 578)

Korrektur von Steuerverwaltungsakten, Mitberichtigung von materiellen Fehlern, Auskunftspflicht, Verwertungsverbot

FALL 17

Sachverhalt: Die Studentin Evi Engel hat vor Jahren gemeinsam mit ihren Brüdern Fritz und Gerd von einer Tante das Haus „Am Ölberg 9" in Regensburg geerbt. Von ihren in Norddeutschland lebenden Brüdern war Evi Engel mit der Betreuung des Hauses beauftragt und auch dem Finanzamt gegenüber als Empfangsbevollmächtigte benannt worden.

Evi Engel hatte am 9. 6. 02 den für die Erbengemeinschaft bestimmten Feststellungsbescheid für das Jahr 01 vom 5. 6. 02 erhalten. Einkünfte waren in Höhe von 43 427 € mit Wirkung für und gegen alle Feststellungsbeteiligten festgestellt worden. Auf dem Bescheid war eine ordnungsgemäße Rechtsbehelfsbelehrung abgedruckt.

Mit Schreiben vom 24. 7. 02 – eingeworfen beim Finanzamt Regensburg am 25. 7. 02 – hat Evi Engel einen Rechenfehler gerügt.

Daraufhin hatte sie am 21. 8. 02 das folgende Schreiben erhalten:

„Finanzamt Regensburg   *Regensburg, 19. 8. 02*

St.Nr. 200/12345

Frau
Evi Engel
Johannisstr. 22
93059 Regensburg

Erbengemeinschaft Engel, Regensburg, Am Ölberg 9;

hier: Ihr Schreiben vom 24. 7. 02

Sehr geehrte Frau Engel,

Ihrer Anregung folgend wurde inzwischen der Feststellungsbescheid 01 vom 5. 6. 02 für die Hausgemeinschaft überprüft.

a) *Es ist richtig, dass bei der Bescheiderteilung der Additionsfehler in ihrer Erklärung (Überschuss 43 427 € statt 34 427 €) vom zuständigen Bearbeiter zwar erkannt, aber aus Versehen wiederholt wurde.*

b) *Ferner handelt es sich bei den in der Erklärung enthaltenen, nicht näher aufgeschlüsselten „nachträglichen Herstellungskosten" von 6 000 €, wie in einem Gespräch am 10. 8. 02 mit dem Hausverwalter, Herrn Haug, deutlich wurde, nicht um Herstellungskosten (angesetzter AfA-Betrag 200 €), sondern um sofort abzugsfähigen Erhaltungsaufwand.*

c) *Im Rahmen des Gespräches mit dem Hausverwalter hat sich auch ergeben, dass von den bis zum 3. 1. 02 fälligen Mieten für Januar 02 vor dem 19. 12. 01 bereits 6 100 € eingegangen waren, aber im Jahre 01 nicht als Einnahmen erklärt wurden.*

d) *Andererseits hat der Hausverwalter zu Recht darauf hingewiesen, dass das Finanzamt eine Ende Januar 01 an die Stadt Regensburg geleistete Grundsteuernachzahlung in Höhe von*

300 € nicht als Werbungskosten berücksichtigt hat; ein entsprechender Antrag ist nach Abgabe der Feststellungserklärung 01 gestellt worden. Der Antrag ging vor Durchführung der Veranlagung beim zuständigen Bearbeiter ein, der eine Änderung des Feststellungsbescheides für das Vorjahr durchführen wollte.

e) *Schließlich wurde die Reinigung des Treppenhauses in Höhe von 8 700 € gemäß den Vereinbarungen in den Mietverträgen unmittelbar von den Mietern bezahlt. Werbungskosten der Erbengemeinschaft liegen daher insoweit nicht vor. Der unberechtigte Abzug der Ausgaben der Mieter für die Reinigung des Treppenhauses als Werbungskosten wurde schon im vergangenen Jahr gerügt. Leider hat der neue Bearbeiter im Finanzamt die Werbungskosten wie im Vorjahr nicht um den in der Erklärung enthaltenen Posten „Reinigung des Treppenhauses" gekürzt.*

Da die Verrechnung sämtlicher Fehler nur eine geringe Herabsetzung der Einkünfte zur Folge hätte, unterbleibt aus Vereinfachungsgründen eine Änderung des Feststellungsbescheides 01.

Mit freundlichen Grüßen

Im Auftrag

Denk"

Die Feststellungen des Finanzamtes treffen zu, wie eine Überprüfung durch Evi Engel ergeben hat. Sie glaubt aber, dass nur die Berichtigung des Rechenfehlers erfolgen könne. Denn die maßgeblichen Auskünfte wurden vom Hausverwalter erteilt. Dieser macht zwar die Abrechnungen, ist aber zur Vertretung der Erbengemeinschaft nicht befugt. Ergänzende Angaben dürfe nur sie machen; einer Befragung des Hausverwalters hätte sie sich widersetzt. Evi Engel meint, dass jedenfalls die Erklärungen des Hausverwalters, die zuungunsten der Erbengemeinschaft sprechen, nicht berücksichtigt werden dürfen.

AUFGABE:

1. Was beinhaltet das Schreiben der Evi Engel vom 24. 7. 02 verfahrensrechtlich?

2. Dürfen die vom Hausverwalter erteilten Auskünfte bei der Korrektur des Feststellungsbescheides verwertet werden?

3. Legen Sie dar, in welcher Höhe das Finanzamt unter Anwendung der Korrekturvorschriften Einkünfte aus Vermietung und Verpachtung der Erbengemeinschaft hätte feststellen müssen.

4. Was ist für die Erbengemeinschaft Anfang des Jahres 03 zu unternehmen, damit die Einkünfte in der ihrer Ansicht nach richtigen Höhe festgestellt werden?

LITERATURHINWEIS

Lehrbuch Abgabenordnung, Rdn. 327 f., 390–396, 772 f., 783–785

LÖSUNG

1. Die Rüge des Rechenfehlers könnte mangels eindeutiger Formulierung als Einspruch oder Antrag auf Korrektur des Feststellungsbescheides vom 9. 6. 02 ausgelegt werden. Die verfahrensrechtliche Behandlung als Einspruch nach dem Meistbegünstigungsprinzip entsprechend § 133 BGB (BFH v. 11. 9. 1986 IV R 11/83, BStBl II 1987, 5) kommt aber nur in Betracht, wenn dieser zulässig wäre. Nur dann kann dem Begehren der Sache nach entsprochen werden (§ 358 AO).

   Gegen den vom örtlich zuständigen Finanzamt Regensburg (§ 18 Abs. 1 Nr. 4 AO) erlassenen gesonderten und einheitlichen Feststellungsbescheid (§§ 179 Abs. 2 Satz 2, 180 Abs. 1 Nr. 2 Buchst. a) ist der Einspruch statthaft, §§ 347 Abs. 1 Nr. 1, Abs. 2; 118 Satz 1 AO.

   Die zwingenden Formerfordernisse des § 357 Abs. 1 AO sind erfüllt, da Evi ihr Begehren schriftlich vorgetragen hat und aus dem Schreiben hervorgeht, dass und wogegen sie sich zur Wehr setzt. Die Bezeichnung als Einspruch ist nicht erforderlich.

   Die wegen der zulässigen Rechtsbehelfsbelehrung einmonatige Einspruchsfrist war jedoch zum Zeitpunkt des Eingangs des Schreibens bei der zutreffenden Anbringungsbehörde am 25. 7. 02 bereits offensichtlich abgelaufen (§§ 355 Abs. 1, 122 Abs. 2 Nr. 1, 183 Abs. 1 Satz 1, 108 Abs. 1 AO; §§ 187 Abs. 1, 188 Abs. 2 BGB). Wiedereinsetzungsgründe (§ 110 AO) sind aus dem Sachverhalt nicht ersichtlich. Da der Einspruch unzulässig wäre, kann es sich nur um einen **Antrag auf Korrektur** handeln.

2. Gemäß § 93 Abs. 1 Satz 1 AO kann das Finanzamt zur Feststellung eines für die Besteuerung erheblichen Sachverhaltes Auskünfte bei den Beteiligten (§ 78 AO) und „anderen Personen" einholen.

   a) Eine fernmündliche Auskunftserteilung durch die Beteiligten oder eine andere Person ist gemäß § 93 Abs. 4 Satz 1 AO zulässig. Der Hausverwalter durfte als „andere Person" jedoch nur zur Auskunft angehalten werden, wenn die Sachverhaltsaufklärung durch die „Feststellungsbeteiligten" nicht zum Ziele führt oder keinen Erfolg verspricht (§ 93 Abs. 1 Satz 3 AO). Keine dieser alternativen Voraussetzungen ist im vorliegenden Fall erfüllt.

   b) Dennoch besteht kein **Verwertungsverbot**. Denn das Finanzamt hat nicht gegen Strafvorschriften oder gegen eine gerichtliche Anordnung verstoßen. Auch wurde die Rechtswidrigkeit des Vorgehens des Finanzamts nicht rechtskräftig festgestellt (BFH v. 7. 6. 1973 V R 64/72, BStBl II 1973, 716).

3. **Vorbemerkung**: Bei mehrfach fehlerhaften unanfechtbaren Steuer- bzw. Feststellungsbescheiden (§ 181 Abs. 1 Satz 1 AO) empfiehlt sich folgender Prüfungsaufbau:

   — Für jeden Sachverhalt ist die zutreffende materielle Rechtslage darzustellen.

   — Anschließend ist für jeden Sachverhalt zu prüfen, mit Hilfe welcher Korrekturvorschrift der Fehler beseitigt werden kann. Soweit nicht die Voraussetzungen für eine Änderung (§§ 164, 165, 172–175 AO) oder Berichtigung (§ 129 AO) vorliegen, handelt es sich um einen materiellen Fehler, dessen Mitberichtigung unter den Voraussetzungen des § 177 AO in Betracht kommt.

– Bei mehreren mitberichtigungsfähigen materiellen Fehlern ist der Saldo zu bilden (vgl. in § 177 Abs. 1 und Abs. 2 AO: „zugunsten **und** zuungunsten" sowie AEAO zu § 177 Nr. 4). Von diesem Saldo („zugunsten" oder „zuungunsten") hängt ab, ob eine Mitberichtigung nach § 177 Abs. 1 **oder** Abs. 2 AO in Betracht kommt.

– Daraufhin ist die Kompensation gemäß § 177 Abs. 1 bzw. Abs. 2 AO durchzuführen, „soweit die Änderung reicht."

– Schließlich ist die neue Höhe der Steuer bzw. der Einkünfte zu berechnen.

a) Materiell zutreffend sind die Einkünfte aus Vermietung und Verpachtung um 9 000 € zu vermindern.

Berichtigung nach § 129 AO, der für alle Verwaltungsakte gilt: Der Rechenfehler in der Anlage zur Erklärung über die einheitliche und gesonderte Feststellung von Einkünften aus Vermietung und Verpachtung wurde vom Finanzamt in den Feststellungsbescheid übernommen. Der Rechenfehler ist daher dem Finanzamt zuzurechnen (BFH v. 24. 7. 1984 VIII R 304/81, BStBl II 1984, 785), ihm also „bei Erlass" des Feststellungsbescheides unterlaufen. An der Berichtigung besteht – wegen der steuerlichen Auswirkung – auch ein berechtigtes Interesse (§ 129 Satz 2 AO).
Anmerkung: § 173a AO betrifft Fälle, in denen der Steuerpflichtige infolge eines Rechenfehlers dem Finanzamt eine rechtserhebliche Tatsache unzutreffend mitgeteilt hat. Der begangene Rechenfehler ist dabei für das Finanzamt nicht ersichtlich.

b) Bei zutreffender Berücksichtigung als Erhaltungsaufwand sind die Einkünfte um 5 800 € zu vermindern (6 000 € ./. 200 € bisher geltend gemachte AfA), da Erhaltungsaufwand sofort abzugsfähig ist.

Korrektur nach §§ 173 Abs. 1 Nr. 2 AO, 181 Abs. 1 Satz 1 AO zugunsten der Feststellungsbeteiligten.

Hinsichtlich der Herstellungskosten war dem Amtsträger bei der abschließenden Bearbeitung nicht bekannt, wofür die 6 000 € ausgegeben wurden. Es handelt sich um eine **nachträglich** bekannt gewordene **Tatsache,** die bei allen Feststellungsbeteiligten zu einer Minderung der Besteuerungsgrundlagen führt (AEAO zu § 173 Nr. 10.1 und 10.2.1). Der Irrtum über die rechtliche Behandlung der Reparaturkosten kann nicht als grobes **Verschulden** angesehen werden (AEAO zu § 173 Nr. 5.1.1).

c) Die im Dezember 01 für Januar 02 eingegangenen Mieten (vgl. § 11 EStG) führen zu einer **Erhöhung** der Einkünfte um 6 100 €. Es liegt eine nachträglich bekannt gewordene, die Besteuerungsgrundlagen erhöhende Tatsache vor (§§ 181 Abs. 1, 173 Abs. 1 Nr. 1 AO).

d) Durch die Grundsteuernachzahlung an die Stadt Regensburg erhöhen sich die Werbungskosten für das Jahr 01 (§§ 9 Abs. 1 Nr. 2, 11 Abs. 2 EStG) um 300 €. Die Voraussetzungen für eine Berichtigung oder eine Änderungsvorschrift liegen nicht vor; insbesondere kommt keine **neue** Tatsache nach § 173 Abs. 1 Nr. 2 AO in Betracht, da die Nachzahlung dem Bearbeiter bei Durchführung der Veranlagung bekannt war. Es handelt sich jedoch um einen **materiellen** Fehler i. S. d. § 177 Abs. 3 AO.

e) Da die Mieter die Kosten für die Treppenreinigung tragen, liegen materiell insoweit Werbungskosten der Erbengemeinschaft in Höhe von 8 700 € nicht vor. Für eine Korrektur nach § 173 Abs. 1 Nr. 1 AO fehlt es an einer neuen Tatsache, da dem Finanzamt diese Handhabung aus dem Vorjahr bekannt war und sich auch aus der Erklärung ergab. Hier liegt ein materieller Fehler i. S. d. § 177 Abs. 3 AO in Höhe von 8 700 € vor.

Feststellung der Höhe der Einkünfte aus Vermietung und Verpachtung:

Einkünfte gemäß Feststellungsbescheid von 5. 6. 02	43 427 €
Änderung nach § 173 Abs. 1 Nr. 1 AO (vgl. c)	+ 6 100 €
Änderung nach § 173 Abs. 1 Nr. 2 AO (vgl. b)	./. 5 800 €
Berichtigung nach § 129 AO (vgl. a)	./. 9 000 €
gewinnerhöhender materieller Fehlersaldo, § 177 Abs. 2 AO (vgl. d) u. e)	+ 8 400 €
materiell zutreffender Gewinn wäre	43 127 €

Die Änderungen nach §§ 173 Abs. 1 Nr. 2, 129 AO führen zu einer Minderung des Gewinns auf 28 627 € (Änderungsuntergrenze; vgl. AEAO zu § 177 Nr. 3). Bei vollständigem Fehlerausgleich liegt der materiell zutreffende Gewinn innerhalb der Untergrenze und ist daher herabzusetzen auf 43 127 €.

4. Durch das Schreiben des Finanzamtes Regensburg vom 19. 8. 02 wurde der Antrag der Erbengemeinschaft vom 24. 7. 02 auf Berichtigung des Feststellungsbescheides 01 vom 5. 6. 02 abgelehnt. Die Ablehnung ist ein Feststellungsbescheid (vgl. §§ 181 Abs. 1 Satz 1, 155 Abs. 1 Satz 3 AO), gegen den der Einspruch statthaft ist (§ 347 Abs. 1 Nr. 1 AO).

Da der ablehnende schriftliche Verwaltungsakt vom 19. 8. 02 ohne Rechtsbehelfsbelehrung erging, ist Einspruch binnen eines Jahres seit Bekanntgabe des Verwaltungsaktes einzulegen (§ 356 Abs. 2 AO). Die Frist beginnt mit Ablauf des 22. 8. 02 (§§ 122 Abs. 2 Nr. 1, 108 Abs. 1 AO, § 187 Abs. 1 BGB) und endet mit Ablauf des 22. 8. 03 (§ 108 Abs. 1 AO, § 188 Abs. 1 und 2 BGB).

Korrektur von Steuerbescheiden, Mitberichtigung von materiellen Fehlern, Festsetzungsverjährung, Ablaufhemmung

FALL 18

Sachverhalt: Die Einkommensteuererklärung 01 des geschiedenen Zahnarztes Dr. Helmut Zabo ging im Jahre 03 beim zuständigen Finanzamt ein. Dr. Zabo ermittelt den Gewinn nach § 4 Abs. 3 EStG. Für 01 wurde durch Bescheid vom 15. 5. 03 bei einem zu versteuernden Einkommen von 50 000 € eine Einkommensteuer von 15 000 € festgesetzt.

Aufgrund ordnungsgemäßer Prüfungsanordnung wurde ab Dezember 07 bei Dr. Zabo für die Jahre 01 bis 03 eine Außenprüfung durchgeführt (vgl. §§ 193 Abs. 1, 196 AO und § 4 Abs. 3 Satz 1 BPO).

Für 01 wurden in der Schlussbesprechung am 15.3.09 folgende Prüfungsfeststellungen anerkannt:

		€
Tz 1	Einkünfte aus selbständiger Tätigkeit	
1.1	Nicht erfasste Einnahmen	+ 7 000
1.2	AfA Quickbo	./. 5 000

Im Januar 01 war ein gebrauchtes zahnmedizinisches Gerät, Nutzungsdauer 5 Jahre, für 25 000 € angeschafft worden, was aus der Steuererklärung nebst Anlagen nicht ersichtlich war. Die Angestellte des Steuerberaters hatte das Gerät versehentlich einem anderen Mandanten zugeordnet.

1.3	Beiträge zu Berufsverbänden	./. 3 000

Das Finanzamt erkennt aufgrund eines BFH-Urteils nunmehr die in der Erklärung geltend gemachten Beiträge an, die zunächst als Betriebsausgaben gestrichen worden waren.

Tz 2	Einkünfte aus Gewerbebetrieb	./. 2 000

Bisher nicht berücksichtigte Mitteilung über die Verlust-Feststellung des Betriebsfinanzamtes Weimar für die Bau-KG. Der entsprechende Feststellungsbescheid 01 war im Dezember 05 ordnungsgemäß bekannt gegeben worden.

Tz 3	Einkünfte aus Vermietung und Verpachtung	+ 12 000

Die Einnahmen sind um die ordnungsgemäß erklärten, vom Finanzamt aber nicht angesetzten Mietnebenkosten zu erhöhen.

Tz 4	Einkünfte aus Kapitalvermögen	+ 1 000

Rechenfehler des Finanzamts bei der Addition der verschiedenen erklärten Einnahmen.

AUFGABE:

Dr. Zabo möchte von Ihnen wissen,

1. ob der Einkommensteuerbescheid 01 vom 15.5.03 im Jahre 09 überhaupt noch geändert werden könne und

2. mit welchem zu versteuernden Einkommen er gegebenenfalls rechnen müsse.

LITERATURHINWEIS

Lehrbuch Abgabenordnung, Rdn. 350–362, 379–381, 390–396, 548, 553, 563 f., 571–574

LÖSUNG

1. Steuerbescheide können nur korrigiert werden, wenn und soweit Korrekturvorschriften dies zulassen und die Festsetzungsverjährung noch nicht eingetreten ist (§§ 47, 169 Abs. 1 Satz 1 und 2 AO).

Der unanfechtbare Einkommensteuerbescheid 01 vom 15. 5. 03 war nicht mit einer Nebenbestimmung nach § 164 oder § 165 AO versehen. Er kann daher im Jahr 09 nur nach §§ 129, 172–175 AO korrigiert werden (vgl. §§ 124 Abs. 2, 172 Abs. 1 Nr. 2d AO). Die materiellen Auswirkungen der Prüfungsfeststellungen sind unstrittig:

1.1 Einkünfte aus selbständiger Tätigkeit:

   a) Die nicht erfassten Einnahmen in Höhe von 7 000 € stellen steuerlich bedeutsame Lebenssachverhalte, also „Tatsachen" dar, die dem Finanzamt nach abschließender Willensbildung für den Einkommensteuerbescheid 01 vom 15. 5. 03, also „nachträglich" (BFH v. 18. 3. 1987 II R 22/84, BStBl II 1987, 416) bekannt wurden. Da die nicht erfassten Einnahmen zu einer höheren Steuer führen, liegen die Voraussetzungen für eine Änderung nach § 173 Abs. 1 Nr. 1 AO vor. Da für die Einkommensteuer eine Steuererklärung abzugeben ist (§ 25 Abs. 3 EStG, § 56 EStDV), beginnt die Festsetzungsfrist mit Ablauf des Jahres, in dem die Einkommensteuererklärung 01 eingereicht wurde (§ 170 Abs. 2 Nr. 1 AO), also mit Ablauf 03. Die Festsetzungsfrist dauert 4 Jahre (§ 169 Abs. 2 Nr. 2 AO) und endet planmäßig mit Ablauf 07.

   Da noch im Jahre 07 mit einer Außenprüfung (vgl. §§ 193 ff. AO) begonnen wurde, läuft die Festsetzungsfrist aufgrund der Ablaufhemmung des § 171 Abs. 4 Satz 1 AO **für die Steuern, auf die sich die Außenprüfung bezieht,** nicht ab, bevor die aufgrund der Außenprüfung erlassenen Steuerbescheide unanfechtbar werden. Da nach § 194 Abs. 1 Satz 1 AO die steuerlichen Verhältnisse des Zahnarztes überprüft werden, können im Rahmen der Außenprüfung auch Besteuerungsmerkmale überprüft werden, die mit den **betrieblichen** Verhältnissen in keinem Zusammenhang stehen (AEAO zu § 194 Nr. 1.) Die Ablaufhemmung des § 171 Abs. 4 AO greift daher auch insoweit.

   Die Festsetzungsfrist endet jedoch **spätestens,** wenn seit Ablauf des Jahres, in dem die Schlussbesprechung stattgefunden hat – hier also seit Ablauf des Jahres 09 – die in § 169 Abs. 2 AO genannte Frist – hier von 4 Jahren – verstrichen ist. Die Festsetzungsfrist endet gem. §§ 171 Abs. 4 Satz 3, 169 Abs. 2 Nr. 2 AO mit Ablauf des Jahres 13.

   Die Korrektur kann also im Jahre 09 noch erfolgen.
   (Siehe auch *Lehrbuch Abgabenordnung*, Rdn. 548, 553, 563 f.)

   b) Auch bei der Anschaffung des zahnmedizinischen Gerätes handelt es sich um eine nachträglich bekannt gewordene Tatsache. Die Berücksichtigung der AfA in Höhe von 5 000 € führt allerdings zu einer niedrigeren Steuer, so dass eine Änderung nach § 173 Abs. 1 Nr. 2 AO in Betracht kommt. Voraussetzung ist jedoch, dass Dr. Zabo kein grobes Verschulden an dem nachträglichen Vorbringen trifft.

   - Dr. Zabo hat die Rechnung für das Gerät offensichtlich an seinen Steuerberater weitergeleitet, den Steuerpflichtigen trifft also kein Verschulden.

- Ein Verschulden des Steuerberaters steht dem Verschulden des Steuerpflichtigen gleich (AEAO zu § 173 Nr. 5.3 und 5.4). Für ein grobes Verschulden des Steuerberaters bietet der Sachverhalt jedoch keine Anhaltspunkte.

- Hier lag ein Versehen einer Angestellten des Steuerberaters vor. Ein derartiges Versehen kann dem Steuerberater nur angelastet werden, wenn ihn selbst ein Auswahl-, Überwachungs- oder Organisationsverschulden hinsichtlich der Tätigkeit der Angestellten trifft (BFH v. 26.8.1987 I R 144/86, BStBl II 1988, 109). Ein derartiges grobes Verschulden kann dem Sachverhalt nicht entnommen werden.

Die Voraussetzungen für eine Änderung nach § 173 Abs. 1 Nr. 2 AO liegen also vor.
(Siehe auch *Lehrbuch Abgabenordnung*, Rdn. 350–362)

Die Festsetzungsverjährung steht der Korrektur nicht entgegen (vgl. a).

c) Hinsichtlich der Beiträge zu den Berufsverbänden in Höhe von 3 000 € kommt weder eine Berichtigung nach § 129 AO noch eine Änderung nach §§ 172–175 AO in Betracht. Der Bescheid ist jedoch auch insoweit fehlerhaft. Daher liegt ein materieller Fehler i. S. d. § 177 Abs. 3 AO vor.

1.2 Einkünfte aus Gewerbebetrieb:

Die Einkünfte der KG (§ 15 Abs. 1 Nr. 2 EStG) wurden vom Betriebsfinanzamt (§ 18 Abs. 1 Nr. 2 AO) gesondert und einheitlich festgestellt, da an den Einkünften mehrere Personen beteiligt sind (§§ 180 Abs. 1 Nr. 2a, 179 Abs. 2 Satz 2 AO). Der Feststellungsbescheid (§ 179 Abs. 1 AO) ist für den Einkommensteuerbescheid bindend, soweit über die Höhe der auf den Feststellungsbeteiligten Dr. Zabo entfallenden Einkünfte (./. 2 000 €) aufgrund seiner Beteiligung an der KG entschieden wird (§ 182 Abs. 1 AO). Daher ist der Einkommensteuerbescheid 01 nach § 175 Abs. 1 Nr. 1 AO zu ändern, da der Feststellungsbescheid nicht berücksichtigt wurde (BFH v. 14.4.1988 IV R 219/85, BStBl II 1988, 711; AEAO Nr. 1 Satz 4 zu § 175).

Die Festsetzungsverjährung ist nicht eingetreten.

Die Außenprüfung erstreckt sich zwar nicht auf die Feststellung der Besteuerungsgrundlagen. Nach § 171 Abs. 10 Satz 1 AO würde die Festsetzungsverjährung spätestens mit Ablauf des Kalenderjahres 07 eingetreten sein, nach § 171 Abs. 10 Satz 2 wird aber die Festsetzungsfrist für die Auswertung des Feststellungsbescheides so lange gehemmt, wie die Ablaufhemmung des § 171 Abs. 4 AO reicht.
(Siehe auch *Lehrbuch Abgabenordnung*, Rdn. 379–381, 571–574)

1.3 Einkünfte aus Vermietung und Verpachtung

Die Mietnebenkosten von 12 000 € sind Einnahmen infolge der Vermietung (§ 8 Abs. 1 EStG) und daher bei der Ermittlung der Einkünfte aus Vermietung und Verpachtung zu erfassen. Eine Berichtigung nach § 129 AO wegen der bisher nicht erfassten Einnahmen kommt nicht in Betracht; denn eine „offenbare Unrichtigkeit" liegt nicht vor, wenn im konkreten Fall – wie hier – ein Fehler bei der Rechtsanwendung nicht ausgeschlossen werden kann (BFH v. 9.12.1998 II R 9/96, BFH/NV 1999, 899). Auch eine Korrektur nach §§ 172–175 AO scheidet aus, insbesondere eine Änderung nach § 173 Abs. 1 Nr. 1 AO, da die Mietnebenkosten in der Einkommensteuererklärung für das Jahr 01 „ordnungsgemäß erklärt" worden waren. Es liegt damit auch kein Schreib- oder Rechenfehler des Steuerpflichtigen vor; die Anwendung von § 173a AO ist deshalb ausgeschlossen. Der Bescheid ist jedoch auch insoweit fehlerhaft. Daher liegt ein materieller Fehler i. S. d. § 177 Abs. 3 AO vor.

1.4 Einkünfte aus Kapitalvermögen:

Soweit das Finanzamt die in der richtigen Höhe erklärten Einnahmen bei den Einkünften aus Kapitalvermögen aufgrund eines Rechenfehlers um 1 000 € zu niedrig erfasste, liegt eine offenbare Unrichtigkeit i. S. d. § 129 AO vor, die dem Finanzamt bei Erlass des Einkommensteuerbescheides 01 unterlief. Bei pflichtgemäßer Ermessensausübung (§ 5 AO) ist die steuererhöhende Berichtigung wegen des Grundsatzes der Gesetzmäßigkeit der Verwaltung (vgl. § 85 AO) durchzuführen.

Da nach § 194 Abs. 1 Satz 1 AO die steuerlichen Verhältnisse des Zahnarztes überprüft werden, können im Rahmen der Außenprüfung auch Besteuerungsmerkmale überprüft werden, die mit den **betrieblichen** Verhältnissen in keinem Zusammenhang stehen (AEAO zu § 194 Nr. 1). Die Ablaufhemmung des § 171 Abs. 4 AO greift daher auch insoweit.

2. Berechnung der Höhe des zu versteuernden Einkommens:

zu versteuerndes Einkommen gemäß Einkommensteuerbescheid vom 15. 5. 03	50 000 €
Änderung nach § 173 Abs. 1 Nr. 1 AO (vgl. a)	+ 7 000 €
Berichtigung nach § 129 AO (vgl. f)	+ 1 000 €
Änderung nach § 173 Abs. 1 Nr. 2 AO (vgl. b)	./. 5 000 €
Änderung nach § 175 Abs. 1 Nr. 1 AO (vgl. d)	./. 2 000 €
gewinnerhöhender materieller Fehlersaldo, § 177 Abs. 2 AO	+ 9 000 €
materiell zutreffendes zu versteuerndes Einkommen	60 000 €

Die Änderungen nach §§ 173 Abs. 1 Nr. 1, 129 AO führen zu einer Erhöhung des zu versteuernden Einkommens auf 58 000 € (Änderungsobergrenze = 50 000 + 7 000 + 1 000; vgl. AEAO zu § 177 Nr. 3). Bei vollständigem Fehlerausgleich liegt das materiell zutreffende zu versteuernde Einkommen außerhalb der Obergrenze.

Das zu versteuernde Einkommen kann daher nur heraufgesetzt werden auf 58 000 €. Der geänderte Einkommensteuerbescheid 01 ist in Höhe von 2 000 € zu versteuerndem Einkommen nach wie vor fehlerhaft.

(Siehe auch *Lehrbuch Abgabenordnung*, Rdn. 390–396)

Kapitel 6:   Steuerliche Nebenleistungen

Zinsen, Säumniszuschläge

FALL 19

Sachverhalt: Josef Filser schuldet dem Finanzamt folgende Steuern und steuerliche Nebenleistungen:

Einkommensteuer 06:	15 367 €
Einkommensteuervorauszahlung III 07:	5 620 €
Umsatzsteuer 07:	314 €
Verspätungszuschlag wegen nicht rechtzeitiger Abgabe der USt-Voranmeldung 1/07:	250 €

Alle Beträge sind fällig am 3.3.08. Auf Antrag des Filser stundet das Finanzamt die geschuldeten Beträge bis 9.9.08. Durch Zinsbescheid setzt es die Stundungszinsen fest.

Am 25.6.08 wird auf Antrag des Steuerpflichtigen die Einkommensteuer 06 des Filser auf 12 367 € berichtigt (§ 129 AO). Schließlich gab das Finanzamt am 7.7.08 den Einkommensteuerbescheid 05 für Filser zur Post. Die Steuerschuld beträgt 16 000 €, die entrichteten Einkommensteuervorauszahlungen 8 000 €.

Die Steuererklärung für 05 hatte Filser bereits im Dezember 07 abgegeben.

Die Abschlusszahlung ist am 10.8.08 fällig. Nach einem Einspruch des Filser wird die Vollziehung des Steuerbescheides für 05 in Höhe von 6 000 € vom 10.8.08 an bis einen Monat nach Ergehen der Einspruchsentscheidung ausgesetzt. Der Einspruch wird am 13.11.08 als unbegründet zurückgewiesen. Die Entscheidung wird bestandskräftig. Am 21.1.09 soll noch ein Rückstand von 8 000 € beigetrieben werden.

AUFGABE:

1. Berechnen Sie die Stundungszinsen.

2. Wann tritt die Festsetzungsverjährung bezüglich dieser Zinsen ein?

3. Führt die Berichtigung der Einkommensteuer 06 zu einer Änderung des Zinsbescheides?

4. Sind bezüglich der Einkommensteuer 05 Säumniszuschläge oder Zinsen angefallen? Gegebenenfalls in welcher Höhe?

5. Kann Filser mit einem Einspruch gegen die Festsetzung der Nachforderungszinsen Erfolg haben, wenn er einwendet, das Finanzamt habe durch die zu späte Festsetzung der Einkommensteuer 05 die Entstehung der Nachforderungszinsen veranlasst?
   Käme gegebenenfalls ein Billigkeitserlass in Betracht?

6. Wann tritt die Festsetzungsverjährung bezüglich der Säumniszuschläge und der Zinsen ein?

LITERATURHINWEIS

Lehrbuch Abgabenordnung, Rdn. 462–487

LÖSUNG

1. Nach § 233 Satz 1 AO werden Ansprüche aus dem Steuerschuldverhältnis verzinst, soweit dies gesetzlich vorgeschrieben ist. Steuerliche Nebenleistungen, wie z. B. Verspätungszuschläge (§§ 3 Abs. 4, 152 AO), werden nicht verzinst (§ 233 Satz 2 AO).

   Nach § 234 Abs. 1 AO werden für die Dauer einer gewährten Stundung Zinsen erhoben. Deren Höhe und Berechnung richtet sich nach § 238 AO. Danach betragen die Zinsen 0,5 % für jeden vollen Monat der Stundung, berechnet von dem auf volle 50 € nach unten abgerundeten Betrag. Die Berechnung beginnt mit Ablauf des Fälligkeitstages, also mit Ablauf des 3. 3. 08 und endet mit Ablauf des 3. 9. 08, da angefangene Monate außer Betracht bleiben (§ 238 Abs. 1 AO). Zinsen sind daher für 6 volle Monate zu erheben:

Steuer	Betrag	%-Satz	Zinsen
ESt 06	15 350 €	3	460 €
ESt/III 07	5 600 €	3	168 €
USt 07	300 €	3	9 €

   Bei der Einkommensteuer 06 sind nach § 239 Abs. 2 Satz 1 AO die Zinsen von **460,50 €** auf volle Euro zum Vorteil des Steuerpflichtigen **gerundet** festzusetzen.

   Bezüglich der Umsatzsteuer 07 werden keine Zinsen festgesetzt, da der Betrag unter 10 € liegt (§ 239 Abs. 2 Satz 2 AO).

   Die Stundungszinsen betragen somit 628 €.

2. Auf Zinsen sind die für Steuern geltenden Vorschriften entsprechend anzuwenden (§ 239 Abs. 1 AO). Die Frist beginnt allerdings mit Ablauf des Jahres, in dem die Stundung geendet hat, und beträgt ein Jahr. Damit beginnt die Frist mit Ablauf des Jahres 08 und endet mit Ablauf des Jahres 09 (§ 239 Abs. 1 Satz 2 Nr. 2 AO).

3. Stundungszinsen sind ein Entgelt für den Gebrauch vorenthaltenen Geldkapitals, das von der Laufzeit der Stundung abhängig ist. Ihrem Charakter nach sind sie daher abhängig vom Bestehen und der Höhe der Steuerschuld. Wird die zugrunde liegende Steuer später nach § 129 AO berichtigt, so wirkt diese Korrektur rückwirkend, so als habe die Steuer von Anfang an nur 12 367 € betragen. In Bezug auf den Zinsbescheid ist somit ein rückwirkendes Ereignis eingetreten, so dass dieser Bescheid gem. §§ 239 Abs. 1 Satz 1, 175 Abs. 1 Nr. 2 AO zu ändern ist (BFH v. 20. 5. 1987 II R 44/84, BStBl II 1988, 229). Die Zinsen für die Einkommensteuer 06 werden daher auf 370 € herabgesetzt.

4. Nachforderungszinsen:

Einkommensteuernachforderungen sind zu verzinsen (§ 233a Abs. 1 AO). Der Zinslauf beginnt 15 Monate nach Ablauf des Jahres, in dem die Steuer entstanden ist (§ 233a Abs. 2 Satz 1 AO, § 36 Abs. 1 EStG), also mit Ablauf 31. 3. 07. Er endet mit Ablauf des Tages der Bekanntgabe, also am 10. 7. 08 (§ 233a Abs. 2 Satz 3 AO). Die Zinsberechnung erfolgt nach § 238 AO. Zinsen fallen für 15 volle Monate in Höhe von 0,5 % aus 8 000 € an, also 600 €.

Säumniszuschläge:

Nach dem Einkommensteuerbescheid für 05 wurde die Einkommensteuer am 10. 8. 08 fällig (§ 36 Abs. 4 Satz 1 EStG). Die Aussetzung der Vollziehung (§ 361 AO) erstreckte sich nur auf einen Betrag von 6 000 €. Filser war daher nur bezüglich eines Betrages von 2 000 € säumig i. S. v. § 240 Abs. 1 AO. Die Säumnis dauerte an bis 21. 1. 09. Die Säumniszuschläge betragen daher gem. § 240 Abs. 1 Satz 1 AO 6 × 1 % aus 2 000 € = 120 €.

Die Aussetzung der Vollziehung endete 1 Monat nach Ergehen der Einspruchsentscheidung, also am 13. 12. 08. Ab diesem Zeitpunkt war Filser säumig in Bezug auf den ausgesetzten Betrag von 6 000 €. Die Säumniszuschläge bis 21. 1. 09 betragen gem. § 240 Abs. 1 AO 2 × 1 % aus 6 000 € = 120 €.

Damit sind insgesamt Säumniszuschläge von 240 € verwirkt.

Aussetzungszinsen:

Aufgrund Filsers Einspruch war in Höhe von 6 000 € eine Aussetzung der Vollziehung gem. § 361 AO erfolgt. Nachdem der Rechtsbehelf endgültig keinen Erfolg hat, ist der ausgesetzte Betrag zu verzinsen (§ 237 Abs. 1 Satz 1 AO). Der Zinslauf beginnt mit dem Tag des Einspruchs (§ 237 Abs. 2 AO), frühestens mit dem Tag der Fälligkeit (AEAO zu § 237 Nr. 6) und dauert fort bis zum Ende der Aussetzung der Vollziehung. Der Zinslauf, beginnend mit Ablauf des 10. 8. 08, endend mit Ablauf des 13. 12. 08, betrug 4 volle Monate. Die Zinsen betragen somit 4 Monate je 0,5 % aus 6 000 € = 120 € (§ 238 AO).

5. Nach ständiger Rechtsprechung des BFH sind Nachforderungszinsen ein Ausgleich für mögliche Zinsvorteile des Steuerschuldners bzw. Zinsnachteile des Steuergläubigers. Aus diesem Grunde wird der Einspruch Filsers erfolglos bleiben. Ebensowenig würde der Antrag auf Erlass (§ 227 AO) zu einem Erfolg führen (vgl. auch AEAO zu § 233a Nr. 69).

6. Säumniszuschläge unterliegen keiner Festsetzungsverjährung, da sie nicht festgesetzt werden (§ 218 Abs. 1 Satz 1 AO), sondern kraft Gesetzes entstehen (§ 240 Abs. 1 AO).

Die Festsetzungsfrist für die Nachforderungszinsen beginnt nach § 239 Abs. 1 Satz 2 Nr. 1 AO mit Ablauf des Kalenderjahres, in dem sie festgesetzt werden, hier im Zweifel mit Ablauf 08 (vgl. § 233a Abs. 4 AO) und endet mit Ablauf 09.

Die Festsetzungsfrist für die Aussetzungszinsen beginnt nach § 239 Abs. 1 Satz 2 Nr. 5 AO mit Ablauf 08 und endet nach einem Jahr, also mit Ablauf des Jahres 09 (§ 239 Abs. 1 Satz 1 AO).

Säumniszuschläge, Verspätungszuschläge

FALL 20

Sachverhalt:

a) Toni Albrecht gibt die Umsatzsteuervoranmeldung für Mai 02 am 10.6.02 ab. Gleichzeitig bezahlt er mit Scheck die Umsatzsteuer von 11 113 €.

b) Alfons Bertl gibt die Umsatzsteuervoranmeldung für August 02 am Montag, dem 12.9.02, ab. Er bezahlt die Steuer in Höhe von 17 540 € am Montag, dem 19.9.02, mit Scheck.

c) Wie 1.b). Alfons Bertl bezahlt die Steuer durch Überweisung, die Gutschrift erfolgt am 15.9.02.

d) Susi Carl gibt die Umsatzsteuervoranmeldung für Mai 02 am 14.9.02 ab und bezahlt gleichzeitig mit Scheck die Steuer in Höhe von 28 354 €.

e) Elfriede Dorn gibt die Umsatzsteuervoranmeldung für Mai 02 am Mittwoch, dem 14.9.02, ab und bezahlt die Steuer in Höhe von 28 333 € durch Überweisung. Die Gutschrift erfolgt am Dienstag, dem 20.9.02.

f) Fritz Elger gibt die Umsatzsteuervoranmeldung für Mai 02 am Freitag, dem 10.6.02, ab. Er bezahlt die Steuer in Höhe von 20 025 € durch Überweisung. Die Gutschrift erfolgt am Dienstag, dem 11.10.02. Im Februar des Jahres 03 wird die Umsatzsteuer auf 15 123 € herabgesetzt. Elger beantragt daraufhin eine entsprechende Korrektur des vom Finanzamt erhobenen Säumniszuschlages.

AUFGABE:

1. Sind bei den Steuerpflichtigen Säumniszuschläge angefallen? Gegebenenfalls in welcher Höhe? Kommt gegenüber den Beteiligten die Festsetzung eines Verspätungszuschlages in Betracht?

2. Wird Elgers Antrag auf Korrektur Erfolg haben?

3. Wäre ein Antrag Elgers auf einen entsprechenden Teilerlass der Säumniszuschläge sinnvoll?

LITERATURHINWEIS

Lehrbuch Abgabenordnung, Rdn. 188 ff., 462–465, 523 f.

LÖSUNG

1. Gemäß § 240 Abs. 1 Satz 1 AO fallen **Säumniszuschläge** an, falls die Steuer bei Fälligkeit nicht bezahlt wird. Gemäß § 152 Abs. 1 Satz 1 AO können **Verspätungszuschläge** festgesetzt werden, wenn ein Steuerpflichtiger seiner Verpflichtung, Steuererklärungen abzugeben, nicht fristgemäß nachkommt und ihn an der Säumnis ein Verschulden trifft. Umsatzsteuervor-

anmeldungen haben den Charakter von Steuererklärungen (§ 18 Abs. 1 UStG, §§ 150 Abs. 1 Satz 2, 167 AO).

a) Albrecht hat die Voranmeldung am 10.6. fristgerecht abgegeben und gleichzeitig die Umsatzsteuer mit Scheck bezahlt. Der Scheck gilt am 3. Tag nach dem Tag des Eingangs beim Finanzamt als Zahlung (§ 224 Abs. 2 Nr. 1 AO). Ein Säumniszuschlag ist daher für einen angefangenen Monat (1 % aus 11 100 € = 111 €) angefallen (§ 240 Abs. 1 Satz 1 AO). Die Schonfrist findet bei Zahlung mit Scheck keine Anwendung (§ 240 Abs. 3 Satz 2 AO). Ein Verspätungszuschlag kommt nicht in Betracht.

b) Bertl hat die Frist für die Abgabe der Voranmeldung gewahrt, da der 10.9. auf einen Samstag fiel (§ 18 Abs. 1 UStG, § 108 Abs. 1 AO, §§ 188 Abs. 1, 193 BGB). Da die Steuer erst am 22.9. als bezahlt gilt, sind Säumniszuschläge für einen angefangenen Monat angefallen (§ 240 Abs. 1 Satz 1 AO). Sie betragen 1 % aus 17 500 € = 175 €.

c) Auch hier hat Bertl die Frist für die Abgabe der Voranmeldung gewahrt (vgl. Lösung zu 1.b). Da seine Überweisung beim Finanzamt am 15.9.02 eingegangen ist, ist ein Säumniszuschlag für einen angefangenen Monat entstanden (§ 240 Abs. 1 Satz 1 AO). Dieser wird aber nicht erhoben, wenn die Steuer innerhalb der dreitägigen Schonfrist überwiesen wurde (§ 240 Abs. 3 AO). Die Frist berechnet sich nach den Vorschriften des BGB (§ 108 Abs. 1 AO). Sie beginnt mit Ablauf Montag, dem 12.9. (§ 187 Abs. 1 BGB) und endet mit Ablauf des 15.9. (§ 188 Abs. 1 BGB). Ein Säumnis- oder Verspätungszuschlag kommt daher nicht in Betracht.

d) Carl hat die Steuererklärung zu spät eingereicht. Umstände, die die verspätete Abgabe entschuldbar erscheinen lassen, sind nicht erkennbar. Das Finanzamt wird also gemäß § 152 Abs. 1 AO einen Verspätungszuschlag festsetzen. Ein Säumniszuschlag ist in Höhe von 1 % aus 28 350 € angefallen. Nach § 240 Abs. 1 Satz 3 AO tritt die Säumnis zwar nicht ein, bevor die Steuer angemeldet ist. Die Zahlung mit Scheck gilt allerdings erst am 17.9. als geleistet und eine Schonfrist kommt bei Zahlung mit Scheck nicht in Betracht, vgl. oben 1.a).

e) Gegen Dorn kann ein Verspätungszuschlag nach § 152 Abs. 1 AO festgesetzt werden. Ein Säumniszuschlag wird erhoben, wenn sie nicht innerhalb der Schonfrist die Steuer überwiesen hat. Die Säumnis tritt mit Ablauf des 14.9. ein (§ 240 Abs. 1 Satz 3 AO). Die Schonfrist beginnt mit Ablauf des 14.9. und endet mit Ablauf des 19.9., einem Montag, da der 17.9. ein Samstag ist (§§ 240 Abs. 3, 108 Abs. 1 AO, §§ 187 Abs. 1, 188 Abs. 1, 193 BGB). Da Dorn erst am 20.9. überwiesen hat, ist ein Säumniszuschlag für einen Monat verwirkt. Dieser beträgt 1 % des auf 50 € abgerundeten Betrags von 28 300 € = 283 € (§ 240 Abs. 1 Satz 1 AO).

f) Elger hat die Umsatzsteuervoranmeldung rechtzeitig abgegeben (§ 18 Abs. 1 UStG). Die Zahlung erfolgte allerdings erst am 11.10. Daher ist für jeden angefangenen Monat der Säumnis ein Säumniszuschlag von 1 % des rückständigen auf 50 € nach unten abgerundeten Betrages zu entrichten. Da Elger nicht innerhalb der Schonfrist überwiesen hat, beginnt die Berechnung der Zuschläge mit dem Fälligkeitstag, also mit Ablauf des 10.6. (§ 108 Abs. 1 AO, § 187 Abs. 1 BGB). Da Elger erst am 11.10. bezahlt hat, damit die ersten 4 Monate abgelaufen waren (§ 108 Abs. 1 AO, § 188 Abs. 2 BGB), muss er Säumniszuschläge für insgesamt 5 (angefangene) Monate bezahlen. Sie betragen daher 1 000 €.

2. Die spätere Korrektur der einem Säumniszuschlag zugrunde liegenden Steuer führt zu keiner Korrektur des Säumniszuschlages etwa nach § 130 AO. Entsprechend der Sondervorschrift des § 240 Abs. 1 Satz 4 AO verbleibt es vielmehr bei den einmal verwirkten Säumniszuschlägen.

   Diese Vorschrift ergibt sich aus dem Umstand, dass Säumniszuschläge nicht durch Verwaltungsakt festgesetzt werden, sondern kraft Gesetzes entstehen.

3. Ansprüche aus dem Steuerschuldverhältnis, dazu rechnen auch solche auf Säumniszuschläge (§§ 37 Abs. 1, 3 Abs. 4 AO), können erlassen werden, wenn eine sachliche oder persönliche Härte vorliegt (§ 227 AO). Die Änderung der Umsatzsteuer bedeutet keine sachliche Härte. Ein Erlassantrag allein aus diesem Grund hätte keinen Erfolg.

Kapitel 7: Erlöschen von Ansprüchen aus dem Steuerschuldverhältnis

Aufrechnung, Verrechnungsvertrag

FALL 21

Sachverhalt: Simon Erl, der seine Umsätze nach vereinbarten Entgelten versteuert, hat seine Umsatzsteuer-Voranmeldung für Juni 07 am 10.7.07 abgegeben. Die Steueranmeldung ergibt eine Umsatzsteuervergütung in Höhe von 15 000 €. Erls Einkommensteuervorauszahlung beträgt für das zweite Kalendervierteljahr 07 20 000 €. Er hat diese Vorauszahlung noch nicht entrichtet. Das Finanzamt rechnet am 12.7.05 mit seinem Vorauszahlungsanspruch gegen den Vergütungsanspruch auf.

AUFGABE:

1. Sind die Ansprüche aus dem Steuerschuldverhältnis durch die Aufrechnung des Finanzamtes erloschen?

2. Könnte Erl am 5.7.07 wirksam aufrechnen?

3. Was wird das Finanzamt tun, wenn Erls Aufrechnung nicht wirksam ist?

LITERATURHINWEIS

Lehrbuch Abgabenordnung, Rdn. 507–521

LÖSUNG

1. Nach §§ 226 Abs. 1, 47 AO erlöschen Ansprüche aus dem Steuerschuldverhältnis, soweit sie sich aufrechenbar gegenüberstehen. Für die Aufrechnung gelten sinngemäß die Vorschriften der §§ 387 ff. BGB. Die Aufrechnung erfolgt danach durch einseitige empfangsbedürftige Willenserklärung. Die Aufrechnung setzt voraus, dass die Aufrechnungslage auch im Zeitpunkt der Aufrechnungserklärung gegeben ist (§ 387 BGB). Dies bedeutet:

   a) Es müssen sich **gleichartige** Forderungen gegenüberstehen. Im vorliegenden Falle stehen sich, wie bei Aufrechnungen im Steuerrecht regelmäßig, Geldforderungen gegenüber.

   b) Es muss **Gegenseitigkeit** gegeben sein; dies bedeutet, dass Gläubiger und Schuldner der sich gegenüberstehenden Ansprüche aus dem Steuerschuldverhältnis identisch sein müssen. Erl ist Gläubiger der Umsatzsteuervergütung und Schuldner der Einkommensteuervorauszahlung. Gläubiger des Steueranspruchs ist die Körperschaft, der die Ertragshoheit zusteht (Art. 106 GG). Danach steht die Einkommensteuer je zur Hälfte Bund und Ländern zu (Art. 106 Abs. 2 GG), während die Umsatzsteuer nach § 1 des Gesetzes über den Finanzausgleich zwischen Bund und Ländern nach einem sich verändernden Schlüssel aufgeteilt wird (Art. 106 Abs. 3 und 4 GG). Nach § 226 Abs. 4 AO gilt als Gläubiger oder Schuldner von Ansprüchen aus dem Steuerschuldverhältnis auch die Körperschaft, die die Steuer verwaltet. Da sowohl die Einkommen- als auch die Umsatzsteuer von den Landesfinanzbehörden verwaltet wird (Art. 108 Abs. 2 GG), ist die Gegenseitigkeit gegeben.

c) Die Passivforderung muss **entstanden** sein. Die Passivforderung ist diejenige Forderung, gegen die aufgerechnet wird; hier also die **Schuld des aufrechnenden Finanzamtes** (= Umsatzsteuervergütungsanspruch des Erl). Eine ausdrückliche Regelung über die Entstehung des Vorsteuervergütungsanspruches enthält das Umsatzsteuergesetz nicht. Nach der gesetzlichen Systematik ist hier jedoch § 13 Abs. 1 Nr. 1 UStG analog anzuwenden (BFH v. 26. 2. 1987 V R 1/79, BStBl II 1987, 521). Danach ist der Vergütungsanspruch mit Ablauf des Voranmeldungszeitraumes entstanden, in dem die Voraussetzungen des § 15 Abs. 1 Nr. 1 UStG zusammen vorlagen. Dies war im Juni 07 der Fall.

d) Die Aktivforderung muss **fällig** sein. Die Aktivforderung ist diejenige Forderung, mit der aufgerechnet wird; hier also der Einkommensteuervorauszahlungs**anspruch des aufrechnenden Finanzamtes**. Dieser Anspruch ist gem. § 37 Abs. 1 Satz 1 EStG seit 10. 6. 07 fällig.

e) Am 12. 7. 07 sind somit alle Voraussetzungen für eine Aufrechnung erfüllt, so dass die gegenseitigen Ansprüche in Höhe von 15 000 € erloschen sind.

2. Wie bereits oben in den Ausführungen zu Nr. 1 dargestellt, stehen sich gleichartige Forderungen gegenüber. Auch die Gegenseitigkeit ist gegeben.

Die Passivforderung, also die **Verbindlichkeit des aufrechnenden Erl** ist der Einkommensteuervorauszahlungsanspruch des Finanzamtes. Dieser ist mit Beginn des zweiten Kalendervierteljahres 07 **entstanden** (§ 37 Abs. 1 Satz 2 EStG), also Anfang April 07. Die Aktivforderung, also die **Forderung des aufrechnenden Erl** ist der Vorsteuervergütungsanspruch. Dieser ist jedoch erst **fällig** mit Abgabe der Umsatzsteuervoranmeldung, die am 10. 7. 07 erfolgt ist. Am 5. 7. 07 war daher die Aufrechnungslage noch nicht gegeben.

3. Von der Aufrechnung als einseitiger empfangsbedürftiger Willenserklärung ist der Verrechnungsvertrag zu unterscheiden. Fehlt es an den Voraussetzungen einer wirksamen Aufrechnung, so können die Parteien einen Vertrag über die gegenseitige Verrechnung von Ansprüchen abschließen. Dafür genügt es, wenn die Parteien über die zur Verrechnung gestellten Forderungen verfügen können und diese Forderungen rechtsgültig sind (BFH v. 18. 2. 1986 VII R 8/81, BStBl II 1986, 506). Im vorliegenden Fall wird deshalb das Finanzamt die Aufrechnungserklärung von Erl als Antrag auf einen Verrechnungsvertrag betrachten und die entsprechenden Umbuchungen durchführen.

Aufrechnung, Zahlungsverjährung

FALL 22

Sachverhalt: Franz Unger hat seine Einkommensteuererklärung für 01 im Jahre 03 abgegeben und wurde im Mai 03 zu einer Abschlusszahlung von 5 000 € veranlagt. Die Steuerschuld hat

Unger nicht entrichtet. Am 20. 12. 08 gab schließlich das Finanzamt Unger einen geänderten Einkommensteuerbescheid für 02 bekannt, aus dem sich ein Erstattungsanspruch für ihn in Höhe von 3 000 € ergab. Die Steuererklärung für 02 hatte Unger bereits im Jahre 04 abgegeben. Er war damals auch zur Einkommensteuer veranlagt worden, die er im Jahre 04 getilgt hatte. Am 6. 1. 09 rechnet das Finanzamt mit der Steuerschuld von 5 000 € gegen den Erstattungsanspruch auf.

AUFGABE:

1. Ist durch die Aufrechnung der Erstattungsanspruch von Franz Unger erloschen?

2. Wie wäre es, wenn das Finanzamt am Samstag, den 30. 12. 08, eine Zahlungsaufforderung an Unger mit einfachem Brief zur Post gegeben hätte, der bei Unger am Dienstag, den 2. 1. 09 eingegangen wäre?

3. Wie kann sich Unger gegen die Aufrechnung durch das Finanzamt wehren?

LITERATURHINWEIS

Lehrbuch Abgabenordnung, Rdn. 513–519, 591, 595–604

LÖSUNG

1. Nach §§ 226 Abs. 1, 47 AO erlöschen mit der Aufrechnung Ansprüche aus dem Steuerschuldverhältnis, soweit sie sich aufrechenbar gegenüberstehen. Voraussetzung ist, dass die Aufrechnungslage (§ 387 BGB) gegeben ist (vgl. Fall Nr. 21).

   a) Gleichartigkeit liegt vor, da sich Geldansprüche gegenüberstehen.

   b) Gegenseitigkeit liegt vor, da Gläubiger und Schuldner der sich gegenüberstehenden Ansprüche aus dem Steuerschuldverhältnis identisch sind.

   c) Die Schuld des aufrechnenden Finanzamtes (Passivforderung), im vorliegenden Fall der Einkommensteuer-Erstattungsanspruch des Unger, muss entstanden sein. Der Erstattungsanspruch entsteht bei Korrekturveranlagungen nach § 38 AO in dem Zeitpunkt, in dem die zu hoch festgesetzte Steuer entrichtet worden ist (BFH v. 6. 2. 1990 VII R 86/88, BStBl II 1990, 523). Der Erstattungsanspruch entstand also im Jahre 04.

   d) Die Forderung des aufrechnenden Finanzamtes (Aktivforderung), im vorliegenden Fall der Anspruch auf die Abschlusszahlung für das Jahr 01, muss fällig sein. Dieser Anspruch war fällig einen Monat nach Bekanntgabe des Einkommensteuerbescheides, also im Juni 03 (§ 220 Abs. 1 AO, § 36 Abs. 4 Satz 1 EStG). Allerdings ist zwischenzeitlich die Zahlungsverjährung eingetreten. Die Verjährungsfrist begann mit Ablauf 03 (§ 229 Abs. 1 AO) und endete mit Ablauf 08 (§ 228 Satz 2 AO). Zwischen dem 20. 12. 08 (Bekanntgabe des Einkommensteuerbescheides 02) und dem 31. 12. 08 (Eintritt der Zahlungsverjährung für die Abschlusszahlung 01) standen sich die gegenseitigen Ansprüche aufrechenbar gegenüber.

Dies würde für eine wirksame bürgerlich-rechtliche Aufrechnung genügen (vgl. § 215 BGB).

Gemäß § 226 Abs. 2 AO ist diese Vorschrift allerdings im vorliegenden Fall nicht anwendbar; denn anders als im bürgerlichen Recht, wo die Verjährung zu einem Leistungsverweigerungsrecht führt (§ 214 BGB), hat die Verjährung im Steuerrecht das Erlöschen der gegenseitigen Ansprüche zur Folge (§ 47 AO).

Das Finanzamt konnte somit nicht wirksam aufrechnen.

2. Das Finanzamt hat durch die schriftliche Zahlungsaufforderung den Eintritt der Zahlungsverjährung unterbrochen (§ 231 Abs. 1 AO). Es genügte, dass die Aufforderung noch vor Ablauf der Zahlungsverjährung am 30.12.08 zur Post ging (§§ 231 Abs. 1 Satz 2, 169 Abs. 1 Satz 3 Nr. 1 AO) und später tatsächlich zuging.

    Der Bescheid erreichte Unger laut Sachverhalt tatsächlich erst am 2.1.09. Damit ist die Unterbrechung nach dem Wortlaut des § 231 Abs. 1 AO in 08 wirksam geworden. Mit Ablauf des Kalenderjahres 08 begann die neue 5-jährige Zahlungsverjährung (§ 231 Abs. 3 AO). Der Einkommensteueranspruch 01 hat somit noch bestanden und das Finanzamt konnte am 6.1.09 wirksam aufrechnen (§ 226 AO). Die gegenseitigen Ansprüche waren daher in Höhe von 3 000 € erloschen.

3. Für Unger bietet sich folgende Möglichkeit, sich gegen die Aufrechnung durch das Finanzamt zu wehren:

    Nach der Rechtsprechung des Bundesfinanzhofes (BFH v. 2.4.1987 VII R 148/83, BStBl II 1987, 536) ist die Aufrechnungserklärung durch das Finanzamt kein Verwaltungsakt, sondern das Finanzamt macht von einem bürgerlich-rechtlichen Gestaltungsrecht Gebrauch. Daraus folgt, dass Unger gegen die Aufrechnungserklärung keinen Einspruch i.S.v. § 347 Abs. 1 Nr. 1 AO erheben kann; denn dieser setzt einen Verwaltungsakt voraus. Unger hat jedoch die Möglichkeit, beim Finanzamt einen Antrag auf Erlass eines Abrechnungsbescheides nach § 218 Abs. 2 AO zu stellen, da Streit hinsichtlich der Verwirklichung von Ansprüchen aus dem Steuerschuldverhältnis (37 Abs. 1 AO) besteht. Gegen diesen „Abrechnungsbescheid" als Verwaltungsakt kann Unger Einspruch einlegen (§ 347 Abs. 1 Nr. 1 AO) und bei Erfolglosigkeit dieses Rechtsbehelfes Anfechtungsklage zum Finanzgericht (§ 40 Abs. 1 FGO).

Erlass

FALL 23

Sachverhalt 1: Ferdinand Roth, 76 Jahre alt, bezog in 05 Einkünfte aus freiberuflicher Tätigkeit in Höhe von 25 000 €. Seine Ehefrau, 75 Jahre alt, betrieb ein kleines Textilgeschäft. Sie schloss im Jahre 05 mit einem Verlust von 4 000 € ab. Auf einem Sparbuch hatte Herr Roth ein Guthaben von 30 000 €. Zum Haushalt der Ehegatten gehört ihr Sohn Albert, 40 Jahre alt, der körperlich schwer behindert und nicht in der Lage ist, sich selbst zu unterhalten.

Die Familie bewohnt ein den Eheleuten gehörendes Einfamilienhaus, dessen Verkehrswert in 05 auf 200 000 € geschätzt wurde. Die darauf ruhenden, durch Grundpfandrechte gesicherten

Schulden betrugen 100 000 €. Das Finanzamt veranlagte im Jahre 06 die Eheleute für 05 zu einer Einkommensteuer von 2 500 €. Der Steuerbescheid wurde bestandskräftig. Von der Ehefrau forderte das Finanzamt einen Säumniszuschlag in Höhe von 300 € an, weil sie fällige Umsatzsteuer des Jahres 05 nicht rechtzeitig bezahlt hatte.

Als das Finanzamt die Vollstreckung dieser Beträge anmahnte, beantragten die Steuerpflichtigen einen Erlass ihrer Schulden. Sie trugen vor, dass sie für ihren Lebensunterhalt unter Berücksichtigung des Verlustes aus dem Geschäft der Ehefrau und nach Abzug der Steuern nur etwa 16 000 € zur Verfügung hatten. Dazu komme, dass sie für ihr Haus Zins- und Tilgungszahlungen von jährlich etwa 6 000 € zu leisten hätten. Aufgrund ihres fortgeschrittenen Alters hätten sie erhebliche Krankenkosten, die von ihrer Krankenversicherung nicht voll übernommen würden. Schließlich müssten sie, was dem Finanzamt bekannt sei, auch für den Unterhalt ihres kranken Sohnes aufkommen. Ihre Altersversorgung sei sehr schlecht, daher seien sie beide trotz ihres hohen Alters noch berufstätig. Das Sparguthaben von 30 000 € müssten sie deshalb verwenden, um ihre geringe Rente aufzubessern.

Im Übrigen habe die Ehefrau ihr Geschäft 06 aufgegeben, da es nur noch Verluste gebracht habe. Ihren guten Willen in Bezug auf die Bereinigung ihrer Steuerschulden hätten sie gezeigt, indem der Ehemann aus seinen Mitteln die rückständige Umsatzsteuer an das Finanzamt zwischenzeitlich bezahlt habe. Die Ehefrau sei bereits seit Anfang 06 zahlungsunfähig.

Der Gewinn aus der freiberuflichen Tätigkeit des Ehemannes werde wohl auch in 06 noch einmal etwa 20 000 € betragen. In 07 werde er aber aus Altersgründen seine berufliche Tätigkeit beenden.

Im Übrigen habe das Finanzamt bei seiner Veranlagung Reparaturaufwendungen an seinem Haus zu Unrecht nicht zum Abzug zugelassen, so dass die Steuer 05 um 1 000 € zu hoch festgesetzt worden sei.

Das Finanzamt lehnte den Erlass ab. Es begründete die Ablehnung im Wesentlichen folgendermaßen: Die Steuerpflichtigen hätten in ihrem zum Teil nicht belasteten Grundstück und dem Sparguthaben erhebliche Vermögenswerte, die sie zur Tilgung ihrer Schulden einsetzen müssten. Sie hätten selbst bestätigt, dass sie eine, wenn auch bescheidene Altersversorgung besäßen. Zusammen mit dem Restvermögen wäre deshalb ihr Unterhalt gesichert. Dabei könne ihr schwer behinderter Sohn nicht berücksichtigt werden, da insoweit, ihre Leistungsunfähigkeit unterstellt, die Sozialhilfe eingreifen würde. Die Krankheitskosten könnten bei der Entscheidung mangels Nachweises nicht berücksichtigt werden.

Es komme auch ein Teilerlass nicht in Betracht. Zwar sei den Antragstellern zuzugeben, dass ihre Steuer vom Finanzamt in rechtsfehlerhafter Weise um 1 000 € zu hoch festgesetzt worden sei, der Bescheid sei jedoch längst bestandskräftig. Wiedereinsetzungsgründe für einen eventuellen Einspruch hätten die Eheleute nicht vorbringen können.

AUFGABE:

Hat das Finanzamt den Steuererlass zu Recht abgelehnt?

Sachverhalt 2: Karl Eder wohnt in Passau. Er hat Einkünfte aus Gewerbebetrieb, Vermietung und Verpachtung sowie aus Kapitalvermögen. Seinen Gewerbebetrieb, eine Schreinerei, betreibt er in seinem am Inn gelegenen Grundstück. Im Jahr 04 kommt es zur Überschwemmung seines Grundstückes, so dass er es 2 Monate nicht für seine gewerblichen Zwecke nutzen kann.

Im Rahmen seiner Einkommensteuererklärung für 04 im Jahre 05 beantragt Herr Eder, wegen der Überschwemmung aus Billigkeitsgründen seine gewerblichen Einkünfte 04 bei der Einkommensteuer nicht zu erfassen.

Als Eder später seinen endgültigen Einkommensteuerbescheid 04 erhält, entnimmt er der Erläuterungsspalte, dass das Finanzamt seinen Antrag abgelehnt hat, da die Überschwemmung nur vorübergehend und für sein Betriebsergebnis ohne Bedeutung gewesen sei.

Eders Steuerberater wendet sich mit einem zulässigen Einspruch ausdrücklich nur gegen die Ablehnung der Nichterfassung der gewerblichen Einkünfte.

AUFGABE:

1. Welche Steuerverwaltungsakte hat das Finanzamt im vorliegenden Fall erlassen und wogegen richtet sich Eders Einspruch?

2. Unterstellen Sie, dass das Finanzamt 3 Monate später Eder im Einspruchsverfahren teilweise Recht gibt.
   In welcher Weise findet diese Entscheidung im Einkommensteuerbescheid 04 des Eder verfahrensrechtlich ihren Niederschlag?

LITERATURHINWEIS

Lehrbuch Abgabenordnung, Rdn. 379, 462 f., 522–533, 772 f.

LÖSUNG

Sachverhalt 1: Nach § 227 AO können Ansprüche aus dem Steuerschuldverhältnis, zu denen auch Ansprüche auf Säumniszuschläge als steuerliche Nebenleistungen gehören (§§ 37 Abs. 1, 3 Abs. 4 AO), ganz oder teilweise erlassen werden, wenn ihre Einziehung nach Lage des einzelnen Falles unbillig wäre. Nach ständiger Rechtsprechung des BFH handelt es sich hierbei um eine Ermessensentscheidung. Dabei ist jedoch der Begriff der „Unbilligkeit der Einziehung" ein unbestimmter Rechtsbegriff, bei dessen Vorliegen im Einzelfall sich die Ermessensausübung des Finanzamtes auf 0 reduziert. Dies bedeutet, dass bei Vorliegen der Unbilligkeit die einzig richtige Entscheidung der Erlass ist (BFH v. 21. 1. 1992 VIII R 51/88, BStBl II 1993, 3).

Die Unbilligkeit kann sich aus sachlichen Gründen ergeben oder aus Gründen, die in der Person des Steuerpflichtigen liegen.

Eine sachliche Unbilligkeit liegt vor, wenn die Besteuerung als solche unabhängig von den persönlichen Verhältnissen des Steuerpflichtigen nicht zu rechtfertigen ist. Das Vorbringen der Steuerpflichtigen, die Steuer sei materiell falsch, kann allein allerdings eine sachliche Unbilligkeit nicht begründen. Die Steuerpflichtigen hätten die Möglichkeit gehabt, den Einkommensteuerbescheid mit Einspruch anzugreifen. Dies haben sie nicht getan. Würde man in Fällen dieser Art sachliche Unbilligkeit annehmen, so würde das außergerichtliche und gerichtliche Rechtsbehelfsverfahren bedeutungslos werden (vgl. BFH v. 26. 2. 1987 IV R 298/84, BStBl II 1987, 612, und v. 11. 8. 1987 VII R 121/84, BStBl II 1988, 512), da in allen Fällen verspäteter oder unterlassener Rechtsbehelfe Erlass gewährt werden müsste.

Eine persönliche Unbilligkeit liegt vor, wenn die Erhebung der Steuer bzw. der steuerlichen Nebenleistung die wirtschaftliche oder persönliche Existenz des Steuerpflichtigen vernichten oder ernstlich gefährden würde. Die wirtschaftliche Existenz wäre dann gefährdet, wenn ohne den beantragten Erlass die notwendigen Mittel für eine, wenn auch bescheidene Lebensführung (Nahrung, Kleidung, Wohnung, ärztliche Versorgung) nicht mehr vorhanden wären. Zu berücksichtigen sind dabei auch die Unterhaltsleistungen an den Sohn, der mit den Steuerpflichtigen in Haushaltsgemeinschaft lebt. Das Finanzamt durfte die Berücksichtigung des Sohnes nicht ohne Weiteres ablehnen, sondern hätte überprüfen müssen, ob Leistungen der öffentlichen Hand tatsächlich in einer Höhe gewährt wurden, die für den Lebensunterhalt des Behinderten ausreichten (BFH v. 24. 6. 1981 I B 18/81, BStBl II 1981, 729). Nach Auffassung des Bundesfinanzhofes im zuletzt genannten Urteil hätte das Finanzamt in seine Bewertung auch die Krankheitskosten, die gegebenenfalls zu schätzen gewesen wären (§ 162 AO), einbeziehen müssen. Es entspricht der Lebenserfahrung, dass bei Steuerpflichtigen dieses Alters Krankheitskosten in bestimmtem Umfang anfallen. Dem Finanzamt ist zwar zuzugeben, dass der Steuerpflichtige bei Vorhandensein von Vermögen auch dieses ganz oder teilweise zur Tilgung seiner Schulden einsetzen muss, dies gilt aber nicht, wenn die Folge der wirtschaftliche Ruin des Steuerpflichtigen wäre. Es würde den Grundsätzen des sozialen Rechtsstaates widersprechen, wenn auch in diesen Fällen der Staat auf der Durchsetzung seiner Ansprüche bestehen würde; umso mehr, als der Steuerpflichtige im Wege der Sozialhilfe wiederum von der öffentlichen Hand unterstützt werden müsste. Deshalb kann es in Fällen der vorliegenden Art geboten sein, dem Steuerpflichtigen eine gewisse Vermögenssubstanz zu belassen, damit ihm nicht die erforderlichen Mittel für Maßnahmen zu seiner Alterssicherung, zum Beispiel für den Abschluss einer Rentenversicherung gegen Einmalprämie, entzogen werden (BFH v. 26. 2. 1987 IV R 298/84, a. a. O.). Dieses bedeutet im vorliegenden Fall, dass das Finanzamt verpflichtet gewesen wäre, die tatsächliche Höhe der zu erwartenden Altersversorgung der Steuerpflichtigen zu ermitteln.

Bezüglich der Säumniszuschläge von 300 € ist zusätzlich das Vorbringen der Steuerpflichtigen zu beachten, wonach die Ehefrau seit Anfang 06 zahlungsunfähig gewesen sei. War dies der Fall, so ist das Druckmittel Säumniszuschläge sinnlos. Diese entstehen zwar auch ohne Verschulden des Steuerpflichtigen an der Säumnis (vgl. § 240 Abs. 1 AO), sie sind aber regelmäßig zur Hälfte der verwirkten Säumniszuschläge zu erlassen (AEAO zu § 240 Nr. 5c). Das Sparguthaben von 30 000 € gehört dem Ehegatten. Insoweit besteht für ihn keine Verpflichtung, Betriebsschulden seiner Ehefrau zu bezahlen. Bezüglich des Grundstückes, das beiden Ehegatten gehört, treffen die Ausführung zum Erlass der Einkommensteuer ebenfalls zu.

Da das Finanzamt den Sachverhalt nicht hinreichend aufgeklärt hat, war die Ablehnung des Billigkeitserlasses rechtswidrig.
(Siehe auch *Lehrbuch Abgabenordnung*, Rdn. 522–533)

Sachverhalt 2:

1. Eder hat einen Antrag auf Erlass seiner Einkommensteuer im Festsetzungsverfahren nach § 163 AO gestellt. Die Ablehnung des Antrages durch das Finanzamt war ein Steuerverwal-

tungsakt (§ 118 AO), wie sich aus der Formulierung in § 163 Abs. 1 Satz 3 AO ergibt (AEAO zu § 163 Nr. 3).

Davon unabhängig ist der Steuerbescheid, der die Einkommensteuer 04 festgesetzt hat (§ 155 Abs. 1 AO). Der Steuerberater hat hier offensichtlich nur Einspruch gegen die Ablehnung des Erlasses eingelegt (§ 347 Abs. 1 Nr. 1 AO).

2. Da der Einspruch nicht (auch) gegen den Steuerbescheid erfolgte, wurde dieser inzwischen bestandskräftig. Eine Berücksichtigung des Teilerlasses erfolgt durch eine Korrektur des Steuerbescheides. Nach der Rechtsprechung des BFH stellt der Erlass im Festsetzungsverfahren einen Grundlagenbescheid für den Einkommensteuerbescheid 04 dar (vgl. AEAO zu § 163 Nr. 3). Dies bedeutet, dass der Einkommensteuerbescheid 04 nunmehr nach § 175 Abs. 1 Nr. 1 AO geändert werden muss.
(Siehe auch *Lehrbuch Abgabenordnung*, Rdn. 379, 531, 772 f.)

Zahlungsverjährung

FALL 24

Sachverhalt: Aufgrund der Einkommensteuererklärung von Emilia Puck hatte das Finanzamt die Einkommensteuerabschlusszahlung für 01 mit Bescheid vom 9. 12. 02 auf 160 000 € festgesetzt. Puck (Monatszahler nach § 18 Abs. 2 Satz 2 UStG) hatte die Umsatzsteuervoranmeldung für November 01 im März 02 abgegeben und darin eine Umsatzsteuer von 10 000 € erklärt. Da Puck die Umsatzsteuer bei Fälligkeit nicht bezahlte, errechnete das Finanzamt für das Jahr 02 Säumniszuschläge in Höhe von 1 000 €, die es im Januar 03 anmahnte.

Schließlich erließ das Finanzamt gegen Puck im März 03 einen Haftungsbescheid, der sich auf § 25 HGB stützte. Puck hatte nämlich im Jahre 01 das Handelsgeschäft von Klaus Flick übernommen und unter der alten Firma fortgeführt. Flick hatte dem Finanzamt zwar noch die Umsatzsteuer Januar bis März 01 angemeldet, das Finanzamt war aber nicht in der Lage, die Steuer von insgesamt 4 000 € bei Flick beizutreiben. Der Haftungsbescheid über diesen Betrag war ohne Zahlungsaufforderung ergangen, denn das Finanzamt war sich nicht sicher, ob die Voraussetzungen des § 219 AO bereits vorlagen. Puck hatte gegen die Bescheide nichts unternommen. Sie hatte auch keine Zahlungen geleistet.

Pucks finanzielle Lage verschlechterte sich im Mai 03 ganz erheblich. Daraufhin stundete das Finanzamt die Einkommensteuer, indem es Puck, beginnend mit Juni 03 die Zahlung in 10 monatlichen Raten von je 16 000 € einräumte. Ohne eine Rate zu bezahlen, stellte Puck im Juli 03 Antrag auf Erlass aller Schulden mit der Begründung, sie sei vermögenslos und krank und damit nicht mehr in der Lage zu bezahlen. Das Finanzamt lehnte einen Erlass ab. Gegen die Ablehnung erhob Puck Einspruch, der ergebnislos blieb, und anschließend Klage zum Finanzgericht. Das Klageverfahren ist noch nicht abgeschlossen. Die Vollstreckungsstelle hatte zwischenzeitlich im Oktober 03 die Rückstände übernommen, im Hinblick auf das Klageverfahren allerdings die Vollstreckung nicht weiterbetrieben. Es wurden auch keine Zahlungsaufforderungen versandt. Im November 04 wurden die Säumniszuschläge und die Haftungsschuld niedergeschlagen.

Im Jahre 09 erfuhr das Finanzamt von Umständen, die darauf schließen ließen, dass Vollstreckungsversuche bei Puck erfolgreich sein könnten.

AUFGABE:

1. Prüfen Sie, ob und gegebenenfalls wann bei den vorliegenden Ansprüchen aus dem Steuerschuldverhältnis die Zahlungsverjährung eingetreten ist!

2. Was kann die Steuerpflichtige tun, wenn Streit über die Frage besteht, ob die Zahlungsverjährung eingetreten ist?

LITERATURHINWEIS

Lehrbuch Abgabenordnung, Rdn. 423, 452–454, 462, 464, 590–604

LÖSUNG

1. Alle Ansprüche aus dem Steuerschuldverhältnis erlöschen bei Eintritt der Zahlungsverjährung (§§ 228 Satz 1, 232, 47 AO). Dies gilt daher auch für Ansprüche auf steuerliche Nebenleistungen, wie Säumniszuschläge (§§ 37 Abs. 1, 3 Abs. 4 AO), und ebenso für Haftungsansprüche, auch wenn sich die Anspruchsgrundlage aus bürgerlichem Recht ergibt (§ 37 Abs. 1 AO).

   a) **Einkommensteuer 01**

      Die Zahlungsverjährung beginnt mit Ablauf des Kalenderjahres, in dem der Anspruch erstmals fällig geworden ist, also mit Ablauf des Jahres 03 (§ 229 Abs. 1 Satz 1 AO, § 36 Abs. 4 Satz 1 EStG). Sie endet planmäßig mit Ablauf des Jahres 08 (§ 228 Satz 2 AO). Ist allerdings ein Unterbrechungstatbestand i. S. v. § 231 AO eingetreten, so beginnt mit Ablauf des Jahres, in dem dieser Tatbestand endet, eine neue fünfjährige Verjährungsfrist (§ 231 Abs. 3 AO). Das Finanzamt hat im Juni 03 die Einkommensteuerabschlusszahlung gestundet (§ 222 AO), so dass in Höhe der Stundung eine Unterbrechung der Zahlungsverjährung eingetreten ist (§ 231 Abs. 1 und 4 AO). Eine Unterbrechung bezüglich der 7 Raten, die Puck in 03 zu entrichten hatte, konnte allerdings nicht eintreten, da die Zahlungsverjährungsfrist bei Beendigung des Unterbrechungstatbestandes noch nicht zu laufen begonnen hatte. Sie begann mit Ablauf des Kalenderjahres, in dem die Einkommensteuerabschlusszahlung erstmals fällig geworden ist, also mit Ablauf des Jahres 03. Bezüglich der 3 Raten Januar – März 04 (= 3 × 16 000 €) wird die Unterbrechung wirksam. Dies bedeutet, mit Ablauf 04 beginnt eine neue Verjährung (§ 231 Abs. 2 AO), die mit Ablauf 09 endet (§ 231 Abs. 3 und 4 AO). In der Übernahme der Rückstände durch die Vollstreckungsstelle liegt allein kein Unterbrechungstatbestand, denn es handelt sich insoweit nicht um eine Vollstreckungsmaßnahme i. S. v. § 231 Abs. 1 AO. Die interne Einstellung der Vollstreckung ist kein Vollstreckungsaufschub i. S. v. §§ 231 Abs. 1, 258 AO. Ein solcher müsste als Verwaltungsakt (§ 118 AO) dem Vollstreckungsschuldner mitgeteilt worden sein.

b) **Umsatzsteuer November 01**

Auch wenn Puck gemäß § 18 Abs. 1 UStG verpflichtet war, die Umsatzsteuervoranmeldung für November 01 bis 10. 12. 01 beim Finanzamt einzureichen und die Umsatzsteuer von 10 000 € zu bezahlen, so kann die Fälligkeit der Umsatzsteuer nicht eintreten, bevor Puck die Voranmeldung eingereicht hat; dies geschah im März 02. Deshalb begann die Zahlungsverjährung mit Ablauf 02 (§ 229 Abs. 1 Satz 1 und 2 AO) und endete mit Ablauf 07 (§ 228 Satz 2 AO). Unterbrechungshandlungen i. S. v. § 231 Abs. 1 AO lässt der Sachverhalt nicht erkennen.

(Siehe auch *Lehrbuch Abgabenordnung*, Rdn. 590–604)

c) **Säumniszuschläge**

Säumniszuschläge entstehen, wenn eine Steuer bei Fälligkeit nicht entrichtet wird (§ 240 Abs. 1 Satz 1 AO). Die Säumnis tritt jedoch nicht ein, bevor die Umsatzsteuer angemeldet wird (§ 240 Abs. 1 Satz 3 AO).

Nach § 220 Abs. 2 Satz 1 AO wurden die Säumniszuschläge mit Entstehung, also im März 02, fällig. Damit begann die Zahlungsverjährung mit Ablauf 02 (§ 229 Abs. 1 Satz 1 AO) und endete planmäßig mit Ablauf 07 (§ 228 Satz 2 AO). Die Anmahnung der Säumniszuschläge in 03 führte zu einer Unterbrechung der Zahlungsverjährung (§ 231 Abs. 1 AO). Die neue Verjährungsfrist begann mit Ablauf 03 und endete mit Ablauf 08 (§§ 231 Abs. 3, 229 Abs. 1, 228 Satz 2 AO). Die Niederschlagung (§ 261 AO) im Jahre 04 stellt als innerdienstliche Maßnahme des Finanzamtes keinen Unterbrechenstatbestand i. S. v. § 231 Abs. 1 AO dar.

(Siehe auch *Lehrbuch Abgabenordnung*, Rdn. 462, 464)

d) **Haftungsanspruch**

Das Finanzamt hatte im März 03 den Haftungsbescheid ohne Zahlungsaufforderung erlassen. Der Haftungsbetrag wurde daher mangels Leistungsgebotes nicht fällig. Dennoch beginnt bei Bescheiden dieser Art die Verjährungsfrist mit Ablauf des Kalenderjahres, in dem der Haftungsbescheid durch Bekanntgabe wirksam geworden ist (§ 229 Abs. 2 AO), im vorliegenden Fall also mit Ablauf 03. Die Frist endete mit Ablauf 08 (§ 228 Satz 2 AO). Unterbrechenstatbestände lässt der Sachverhalt nicht erkennen.

(Siehe auch *Lehrbuch Abgabenordnung*, Rdn. 423)

2. Besteht zwischen den Parteien Streit, ob die Zahlungsverjährung eingetreten ist, so handelt es sich hier im Erhebungsverfahren um einen Streit, der nicht die Festsetzung, sondern die Verwirklichung von Ansprüchen aus dem Steuerschuldverhältnis betrifft (§§ 37 Abs. 1, 218 AO). Puck hat daher die Möglichkeit, beim Finanzamt den Erlass eines Abrechnungsbescheides zu verlangen, den sie gegebenenfalls mit Einspruch angreifen kann (§§ 218 Abs. 2, 347 Abs. 1 Nr. 1 AO).

(Siehe auch *Lehrbuch Abgabenordnung*, Rdn. 452–454)

Kapitel 8: Haftung

Haftung der Vertreter

FALL 25

Sachverhalt: Als Geschäftsführer der Jeans Moden GmbH waren aufgrund ihrer Anstellungsverträge Ester Eng für den Bereich Kreation, Werbung sowie Vertrieb und Fritz Fertig für den verbleibenden kaufmännischen Bereich und die Fertigung verantwortlich.

Trotz großer Bemühungen der Geschäftsführer konnte die GmbH im Herbst des Jahres 05 ihre laufenden Zahlungsverpflichtungen nur noch schleppend erfüllen.

a) Umsatzsteuervoranmeldungen wurden für November 05 (USt: 20 000 €) und Dezember 05 (USt: 30 000 €) fristgerecht abgegeben; die Vorauszahlungen jedoch bei Fälligkeit nicht entrichtet.

b) Für die Ende Januar 06 auszuzahlenden Löhne in Höhe von 42 000 € und die Lohnsteuer in Höhe von 8 000 € stellte die Hausbank nach langem Zögern nur 42 000 € zur Verfügung. Im Hinblick auf eine persönliche Haftung hatte der Lohnbuchhalter den Geschäftsführern empfohlen, vorsorglich zunächst auf 35 000 € gekürzte Nettolöhne auszuzahlen und die darauf entfallende Lohnsteuer in Höhe von 7 000 € an das Finanzamt abzuführen. Dennoch wurden auf Weisung der Geschäftsführer die Nettolöhne in voller Höhe ausgezahlt und die Lohnsteueranmeldung über 8 000 € fristgerecht beim Finanzamt eingereicht.

Im Februar 06 stellt die GmbH die Fertigung ein. Ende Februar 06 endete die Tätigkeit von Ester Eng als Geschäftsführerin. Die am 5. 3. 06 beantragte Eröffnung des Insolvenzverfahrens wurde im April 06 mangels Masse abgelehnt (§ 26 Abs. 1 Satz 1 InsO).

Am 5. 7. 06 erhielt Ester Eng einen Haftungsbescheid

▶ wegen Lohnsteuer der GmbH für Januar 06 in Höhe von 8 000 €,

▶ wegen Umsatzsteuer der GmbH für November 05 von 20 000 € sowie für Dezember von 30 000 €

▶ und wegen Säumniszuschlägen zur Lohnsteuer der GmbH für Januar 06 für den Zeitraum 11. 2. 06–2. 7. 06 (5 % von 8 000 € =) 400 €.

Gegen den Haftungsbescheid wandte sich Ester Eng mit einem fristgerechten Einspruch, den sie wie folgt begründete:

▶ Für den Bereich Steuern sei allein der Geschäftsführer Fritz Fertig verantwortlich; an ihn müsse sich das Finanzamt halten.

▶ Allein die GmbH sei Schuldnerin der Ansprüche; sie schulde allenfalls die Lohnsteuer auf den an sie persönlich ausgezahlten Lohn in Höhe von 1 000 €, was eine Haftung ausschließe.

▶ Die Umsatzsteuer habe mangels Liquidität nicht beglichen werden können. Schon am 15. 11. 05 bestanden Verbindlichkeiten in Höhe von 200 000 €. Vom 15. 11. 05 bis 15. 1. 06 seien für Löhne und Lohnnebenkosten 140 000 € aufgebracht worden. Im gleichen Zeitraum seien Forderungen anderer Gläubiger in Höhe von 110 000 € fällig geworden. Auf die gesamten Verbindlichkeiten wurden in diesem Zeitraum Tilgungsleistungen von 250 000 € erbracht. Nach dem 1. 2. 06 gingen keine Zahlungen mehr ein.

▶ Über die Zahlungseingänge konnte aufgrund einer Globalzession nur im Benehmen mit der Hausbank verfügt werden.

▶ Die Säumniszuschläge seien zum Teil nach ihrer Tätigkeit für die GmbH entstanden.

AUFGABE:

Konnte Ester Eng durch Haftungsbescheid

1. für die Lohnsteuer „Januar 06" in Höhe von 8 000 €,

2. für die Umsatzsteuer „November und Dezember 05" in Höhe von insgesamt 50 000 € sowie

3. für die Säumniszuschläge für Lohnsteuer für Januar 05 in Höhe von 400 € in Anspruch genommen werden?

LITERATURHINWEIS

Lehrbuch Abgabenordnung, Rdn. 611 f., 616 ff., 651–657

LÖSUNG

Der Steuerschuldner (§ 43 AO) ist verpflichtet, die von ihm angemeldete oder gegen ihn festgesetzte Steuer zu entrichten. Unter gesetzlich bestimmten Voraussetzungen muss daneben ein Dritter als Haftungsschuldner für eine fremde Steuerschuld einstehen und kann durch Haftungsbescheid in Anspruch genommen werden (§ 191 Abs. 1 AO).

Durch die Formulierung „wer kraft Gesetzes für eine Steuer haftet" (vgl. § 191 Abs. 1 AO) wird zum Ausdruck gebracht, dass die Finanzbehörden nicht nur abgabenrechtliche Haftungsnormen (§§ 4, 69 bis 75 AO), sondern auch bürgerlich-rechtliche, insbesondere handelsrechtliche Haftungsnormen, einem Haftungsbescheid zugrunde legen können.

Nach §§ 191 Abs. 1, 69 AO haften

▶ gesetzliche Vertreter i. S. d. § 34 AO, soweit sie

▶ ihnen auferlegte Pflichten

▶ vorsätzlich oder grob fahrlässig verletzt haben und

▶ dadurch Ansprüche aus dem Steuerschuldverhältnis nicht erfüllt wurden.

Die GmbH wird durch ihre Geschäftsführer vertreten (§ 35 Abs. 1 GmbHG). Die Geschäftsführer haben daher die steuerlichen Pflichten der GmbH zu erfüllen, insbesondere dafür zu sorgen, dass die Steuern aus den von ihnen verwalteten Mitteln entrichtet werden (§ 34 Abs. 1 AO). Durch Gesellschafts- oder Anstellungsvertrag kann die Verantwortung eines Geschäftsführers begrenzt werden. Die Begrenzung der Verantwortlichkeit gilt insoweit und so lange, als kein Anlass besteht, an der exakten Erfüllung der steuerlichen Verpflichtungen durch den hierfür zuständigen Geschäftsführer zu zweifeln (BFH v. 22. 7. 1997 I B 44/97, BFH/NV 1998, 11). Da dem

Sachverhalt zu entnehmen ist, dass den Geschäftsführern seit August 05 die Zahlungsschwierig-keiten der GmbH bekannt waren, kann sich die Geschäftsführerin Eng nicht auf die Begrenzung ihrer Verantwortlichkeit berufen.

1. **Haftung für Lohnsteuer**

    a) Nach § 34 AO, § 41a Abs. 1 Nr. 2 EStG waren die Geschäftsführer verpflichtet, am 10.2.06 die einbehaltene Lohnsteuer an das Finanzamt abzuführen. Bei Liquiditätsschwierig-keiten ist die Lohnsteuer gleichrangig mit den ausgezahlten Nettolöhnen zu entrichten. Da Lohnsteuer nur bei Zufluss von Arbeitslohn entsteht (§ 38 AO, § 38 Abs. 2 Satz 2 EStG), also Mittel für die Lohnauszahlung vorhanden waren, kann die Geschäftsführerin Eng nicht mit dem Einwand Erfolg haben, die GmbH sei zahlungsunfähig gewesen. Soweit die Mittel zur Bezahlung der vollen vereinbarten Löhne einschließlich der Lohnsteuer nicht ausreichen, dürfen die Geschäftsführer die Löhne nur gekürzt auszahlen, damit sie aus den übrigen Mitteln die entsprechende Lohnsteuer an das Finanzamt abführen kön-nen (BFH v. 20.4.1982 VII R 96/79, BStBl II 1982, 521).

    b) Gegen diese Pflichten hat die Geschäftsführerin Eng vorsätzlich verstoßen, da trotz des Hinweises des Lohnbuchhalters auf Weisung der Geschäftsführer die vollen Löhne an die Arbeitnehmer ausgezahlt wurden. Die Frage des Verschuldens bei der Abführung ein-behaltener Lohnsteuer ist streng zu beurteilen (BFH v. 20.4.1982 VII R 96/79, BStBl II 1982, 521), denn die Lohnsteuer ist zurückzubehaltender Teil des Arbeitslohnes, den der Arbeitgeber gewissermaßen **treuhänderisch** für den Steuergläubiger einzieht. Im Grunde handelt es sich bei den Lohnsteuerabzugsbeträgen um Fremdgelder, die die Liquidität der von den Geschäftsführern vertretenen GmbH nicht berühren und zur Abführung an das Finanzamt bereitzuhalten sind (BFH v. 1.8.2000 VII R 110/99, BStBl II 2001, 271).

    Daher kann sich die Geschäftsführerin Eng auch nicht mit dem Hinweis entlasten, die Hausbank habe ausdrücklich nur die Nettolöhne zur Verfügung gestellt. Zum einen durf-te sie einer Vereinbarung mit der Bank nicht zustimmen, die einseitig den Fiskus schlech-ter stellte, zum anderen konnte sich die GmbH durch eine privatrechtliche Vereinbarung mit der Bank nicht der öffentlich-rechtlichen Verpflichtung zur Entrichtung der Lohnsteu-er entziehen (BFH v. 12.7.1983 VII B 19/83, BStBl II 1983, 655).

    c) Die Verletzung der Pflicht, die Löhne bei Auszahlung zu kürzen und Lohnsteuer bei Fällig-keit zu entrichten, hatte zur Folge, dass die GmbH die Lohnsteuer nicht mehr abführen konnte (BFH v. 17.11.1992 VII R 13/92, BStBl II 1993, 471). Die Geschäftsführerin Eng haftet daher wegen der nicht abgeführten Lohnsteuer für Januar 06 nach § 69 Satz 1 AO.

    d) Der Umfang des Haftungsanspruches beschränkt sich dabei auf den Betrag, der infolge der Pflichtverletzung nicht entrichtet wurde. Die Vorschrift hat somit **Schadensersatzcha-rakter.** Daher kommt eine Haftung nur bezüglich der Lohnsteuerbeträge in Betracht, die bei der gebotenen Kürzung der Nettolöhne hätten an das Finanzamt abgeführt werden müssen (BFH v. 26.7.1988 VII R 83/87, BStBl II 1988, 859). Nach dem Sachverhalt haftet die Geschäftsführerin Eng daher nur für die Lohnsteuer für Januar 06 in Höhe von 7 000 €.

    Fraglich ist, ob die Geschäftsführerin Eng als Haftungsschuldnerin für ihre eigene Lohn-steuer in Anspruch genommen werden kann, da die Stellung des Steuerschuldners mit der eines Haftenden begrifflich unvereinbar ist. Eng ist zwar als Arbeitnehmerin Schuldner der Lohnsteuer, die Verpflichtung zur Entrichtung dieser Steuer obliegt aber dem Arbeitgeber, also der GmbH und nicht Ester Eng als Arbeitnehmerin (§§ 38 Abs. 3 Satz 1, 41a Abs. 1 Nr. 2 EStG). Ester Eng wird hier als Geschäftsführerin der GmbH für die von der GmbH nicht abgeführte Lohnsteuer in Anspruch genommen, wozu auch die Lohnsteuer auf ihren eigenen Arbeitslohn gehört (BFH v. 15. 4. 1987 VII R 160/83, BStBl II 1988, 167).

2. Haftung für Umsatzsteuer

a) Nach § 34 AO, § 18 Abs. 1 Satz 3 UStG waren die Geschäftsführer verpflichtet, am 10. 12. 05 die Umsatzsteuer für November 05 und am 10. 1. 06 die Umsatzsteuer für Dezember 05 an das Finanzamt zu entrichten. Da die eingehenden Mittel für die Befriedigung aller Gläubiger nicht ausreichen, hätten – in etwa im gleichen Verhältnis wie die Verbindlichkeiten anderer Gläubiger – die Umsatzsteuerschulden zumindest **anteilig** befriedigt werden müssen (Grundsatz der anteiligen Tilgung; BFH v. 15. 4. 1987 VII R 160/83, BStBl II 1988, 859).

Der Einwand, dass die GmbH aufgrund einer Globalzession zugunsten der Hausbank in ihrer Verfügungsmacht über eingehende Zahlungen eingeschränkt gewesen sei, schließt die Haftung nicht aus. Denn auch nach der Globalzession standen Mittel zur Tilgung der Steuerschulden zur Verfügung. Die Pflichtwidrigkeit der Geschäftsführer bestand darin, sich nicht darum gekümmert zu haben, dass anteilige Zahlungen auf die Umsatzsteuerrückstände erbracht wurden (BFH v. 26. 4. 1984 V R 128/79, BStBl II 1984, 776).

b) Die Geschäftsführer einer GmbH haben deren Pflichten mit der Sorgfalt eines ordentlichen Kaufmanns zu erfüllen (§ 43 GmbHG). Dieser Verpflichtung ist die Geschäftsführerin Eng zumindest grob fahrlässig nicht nachgekommen, wenn sie in Kenntnis der Liquiditätsschwierigkeiten der GmbH nicht für eine anteilige Tilgung der Steuerschulden sorgte (BFH v. 14. 9. 1999 VII B 33/99, BFH/NV 2000, 303).

c) Die Verletzung der Verpflichtung, die Umsatzsteuer für die Monate November und Dezember 05 bei Fälligkeit zumindest anteilig an das Finanzamt abzuführen, hatte zur Folge, dass die GmbH die Umsatzsteuer nicht mehr entrichten konnte (BFH v. 17. 11. 1992 VII R 13/92, BStBl II 1993, 471). Die Geschäftsführerin Eng haftet daher dem Grunde nach für die nicht abgeführte Umsatzsteuer.

d) Zu prüfen ist auch hier der Umfang des Haftungsanspruches. Die Berechnung der für den Umfang der Geschäftsführerhaftung maßgebenden durchschnittlichen Tilgungsquote ist überschlägig vorzunehmen. Dabei ist auf die Verhältnisse im gesamten Haftungszeitraum abzustellen, wobei auch die Personalaufwendungen in die Vergleichsberechnung einzubeziehen sind (BFH v. 14. 7. 1987 VII R 188/82, BStBl II 1988, 172). Für die Berechnung der Tilgungsquote ist der Summe der Verbindlichkeiten im Haftungszeitraum,

hier die Verbindlichkeiten am 15. 11. 05 von	200 000 €,
die Löhne und Lohnnebenkosten im Haftungszeitraum von	140 000 €,
die zusätzlichen Verbindlichkeiten im Haftungszeitraum von	110 000 €,
sowie Umsatzsteuer für November 05 und für Dezember 05 von	50 000 €,
insgesamt also	500 000 €,

der Summe der hierauf geleisteten Zahlungen, hier 250 000 €, gegenüberzustellen. Dies ergibt bei gleichmäßiger Tilgung aller Verbindlichkeiten eine Tilgungsquote von 50 %. Die GmbH hätte also 50 % der Umsatzsteuervorauszahlungen von 50 000 €, das sind 25 000 €, an das Finanzamt abführen müssen. In dieser Höhe haftet die Geschäftsführerin Eng nach § 69 Satz 1 AO.

3. **Haftung für Säumniszuschläge**

a) Entgegen dem Wortlaut von § 191 Abs. 1 AO „wer kraft Gesetzes für eine **Steuer** haftet", umfasst die Haftung auch steuerliche Nebenleistungen (§ 3 Abs. 4 AO), wenn dies den materiell-rechtlichen Haftungsvorschriften des Steuerrechts oder des Zivilrechts zu entnehmen ist. § 191 AO betrifft nur die verfahrensrechtlichen Voraussetzungen für den Erlass von Haftungsbescheiden (BFH v. 24. 2. 1987 VII R 4/84, BStBl II 1987, 363).

b) Nach §§ 69 **Satz 1**, 37 Abs. 1, 3 Abs. 4 AO haften die Geschäftsführer auch für Säumniszuschläge, die von ihnen für die GmbH infolge einer zumindest grob fahrlässigen Pflichtverletzung nicht entrichtet wurden.

§ 69 **Satz 2** AO erweitert die Haftung auf solche Säumniszuschläge, die nach Beendigung der Geschäftsführertätigkeit infolge von Pflichtverletzungen entstanden sind, weil Steuern pflichtwidrig nicht bis zum Ablauf des Fälligkeitstages entrichtet wurden (BFH v. 22. 2. 1980 VI R 185/79, BStBl II 1980, 375).

c) Da Ester Eng ihre Tätigkeit als Geschäftsführerin nach dem Sachverhalt Ende Februar 06 beendete, kommt eine Inanspruchnahme als Haftungsschuldnerin nach § 69 **Satz 1** AO nur für die Säumniszuschläge zur „Lohnsteuer für Januar 06" in Betracht, die am 11. 2. 06 entstanden ist (1 % von 8 000 € = 80 €; vgl. § 240 Abs. 1 Sätze 1 und 3 AO).

Die zur Haftung wegen nicht entrichteter Umsatzsteuer entwickelten Grundsätze der Beschränkung auf die anteilige Tilgung gelten grundsätzlich auch für steuerliche Nebenleistungen (§ 3 Abs. 4 AO), also auch für Säumniszuschläge (BFH v. 1. 8. 2000 VII R 110/99, BStBl II 2001, 271 mit weiteren Fundstellen). Für die am 11. 2. 06 entstandenen Säumniszuschläge in Höhe von 80 € gilt daher die eben ermittelte Tilgungsquote von 50 %. Ester Eng darf also nach § 69 Satz 1 AO nur in Höhe von 40 € in Anspruch genommen werden.

d) Die Geschäftsführerin Eng haftet nach §§ 191 Abs. 1, 69 **Satz 2** AO auch für die Säumniszuschläge, die infolge von Pflichtverletzungen gemäß § 240 AO entstanden sind, weil sie als Geschäftsführerin der Gesellschaft nicht dafür gesorgt hat, dass die Lohnsteuer für Januar 06 bis zum Ablauf des Fälligkeitstages am 10. 2. 06 entrichtet wurde (§ 41a Abs. 1 Nr. 2 EStG). Die Haftung nach § 69 Satz 2 AO ist nicht davon abhängig, dass die Säumnis schuldhaft weiter aufrechterhalten worden ist (BFH v. 1. 8. 2000 VII R 110/99, BStBl II 2001, 217). Soweit die Säumniszuschläge in der Zeit vom 11. 3. 06–11. 6. 06 in Höhe von 320 € (4 % von 8 000 €; vgl. § 240 Abs. 1 Satz 1 und 3 AO) entstanden sind, liegen also die Voraussetzungen für die Haftung nach § 69 Satz 2 AO vor.

Die Inanspruchnahme liegt jedoch gemäß § 191 Abs. 1 AO im Ermessen des Finanzamtes. Im Rahmen der Ermessensausübung ist zu berücksichtigen, dass die Säumniszuschläge in Höhe von 320 € zu einem Zeitpunkt entstanden sind, als für die GmbH bereits Insolvenzantrag gestellt und die GmbH zahlungsunfähig war. Insoweit ist gegenüber der GmbH als Schuldner der Lohnsteuer regelmäßig ein Erlass nach § 227 AO in Höhe **der Hälfte** der verwirkten Säumniszuschläge auszusprechen (BFH v. 16. 7. 1997 XI R 32/96, BStBl II 1998, 7; AEAO zu § 240 Nr. 5c). Säumniszuschläge haben einen doppelten Zweck; sie sind Druckmittel, um den Steuerschuldner zur rechtzeitigen Zahlung anzuhalten aber auch Gegenleistung für das Hinausschieben der Zahlung und zusätzliche Verwaltungsaufwendungen.

Die Rechtssätze, die nach der Rechtsprechung des Bundesfinanzhofes für den Erlass von Säumniszuschlägen beim Steuerschuldner aufgestellt wurden, sind auch bei Erlass eines Haftungsbescheides im Rahmen der Ermessensausübung nach § 191 Abs. 1 AO zu berücksichtigen (BFH v. 1. 8. 2000 VII R 110/99, BStBl II 2001, 217).

Ester Eng darf also nach § 69 Satz 2 AO bei pflichtgemäßer Ermessensausübung (§ 5 AO) hinsichtlich der Höhe der zu zahlenden Säumniszuschläge nur in Höhe der Hälfte der verwirkten Säumniszuschläge von 320 €, also nur in Höhe von 160 € als Haftungsschuldnerin in Anspruch genommen werden.

Ester Eng konnte für die Säumniszuschläge zur Lohnsteuer für Januar 06 nur in Höhe von insgesamt 200 € in Anspruch genommen werden.

Da gegen die GmbH nach deren Zahlungsunfähigkeit nicht mehr vollstreckt werden kann und eine Inanspruchnahme der Arbeitnehmer als Steuerschuldner (vgl. § 38 Abs. 2 Satz 1 EStG) ausgeschlossen ist (§ 42d Abs. 3 Satz 4 EStG), war es ermessensgerecht, sich zu einer Inanspruchnahme der Haftungsschuldnerin Eng zu entschließen (**„Entschließungsermessen"**). Außerdem entspricht es pflichtgemäßer Ermessensausübung, jeden von mehreren gesamtschuldnerisch Haftenden (vgl. § 44 Abs. 1 AO) in **voller Höhe** in Anspruch zu nehmen (**„Auswahlermessen"**).

Haftung des Betriebsübernehmers

FALL 26

Sachverhalt: Am 1. 10. 03 übergibt Ambrosius Alt seinen Käseladen an Vanessa Vanussi. Der Kaufpreis für Inventar und Waren beträgt 28 000 €. Ausgenommen vom Übergang waren die Forderungen, die Verbindlichkeiten und der überwiegend betrieblich genutzte Pkw-Kombi. Mit Hilfe des Alt konnte Vanussi in dessen Mietvertrag für die Ladenräume eintreten. Nach gründlicher Renovierung eröffnete Vanussi den Laden am 1. 11. 03 unter ihrem Namen. Der Betriebsübergang wurde der Gemeinde am 10. 2. 04 mitgeteilt. Am 15. 10. 03 bestehen folgende Rückstände beim Finanzamt:

Einkommensteuer 02	8 200 €
Lohnsteuer April 02 – Sept. 03	5 000 €
Umsatzsteuer Dez. 01	1 500 €
Umsatzsteuer Jan. 02 – Sept. 03	22 000 €
Kfz-Steuer (Pkw-Kombi) 02/03	600 €
Säumniszuschläge	1 500 €

Der Umsatzsteuerbescheid 02 steht unter Vorbehalt der Nachprüfung, für das Jahr 03 wurde die Jahreserklärung am 15. 5. 04 abgegeben. Nach einer Umsatzsteuerprüfung im Jahre 04 wird die Umsatzsteuer für 02 um 3 000 € und für 03 um 2 000 € erhöht; die geänderten Umsatzsteuerbescheide wurden Alt im Januar 05 zugesandt.

1. Haftet Vanessa Vanussi für die am 15. 10. 03 bestehenden Rückstände?

2. Haftet Vanessa Vanussi auch für die aufgrund der Umsatzsteuerprüfung nachgeforderte Umsatzsteuer 02 und 03?

3. Bis zu welchem Zeitpunkt darf das Finanzamt einen Haftungsbescheid an Vanessa Vanussi versenden?

Lehrbuch Abgabenordnung, Rdn. 462, 546, 553, 590 f., 595, 631 ff., 635 ff., 673–682, 688 ff.

1. Die Erwerberin des Käseladens kann durch Haftungsbescheid für Steuerrückstände des Veräußerers in Anspruch genommen werden, wenn ihr ein Unternehmen im Ganzen übereignet wurde (§§ 191 Abs. 1, 4, 75 AO) und damit die materiellen Voraussetzungen einer materiellen Haftungsnorm vorliegen.

   a) **Unternehmen** ist jede gewerbliche Tätigkeit, wobei der Unternehmerbegriff mit dem umsatzsteuerlichen Begriff identisch ist (vgl. BFH v. 11. 5. 1993 VII R 86/92, BStBl II 1993, 700). Der Käseladen ist ein Unternehmen i. S. d. § 75 Abs. 1 Satz 1 AO.

   b) Eine **Übereignung im Ganzen** ist bürgerlich-rechtlich nicht möglich. Nach BGB werden vielmehr die einzelnen Gegenstände bzw. Forderungen nach den für sie erforderlichen Voraussetzungen übereignet. Entscheidend ist, dass die zum Zeitpunkt der Übertragung wesentlichen Grundlagen übereignet werden (BFH v. 6. 8. 1985 VII R 189/82, BStBl II 1985, 651).

   Da Alt selbst nicht Eigentümer des Ladens war, konnten die für die Fortführung des Käseladens notwendigen Geschäftsräume nicht von Alt auf Frau Vanussi übereignet werden. Wenn Betriebsräume des übereigneten Unternehmens angemietet waren, reicht es für die Haftung des Erwerbers allerdings aus, wenn er unter **Mitwirkung** des Veräußerers einen Mietvertrag abschließt (BFH v. 18. 3. 1986 VII R 146/81, BStBl II 1986, 589).

   Vom Übergang waren die Forderungen und der Pkw-Kombi ausgenommen. Insoweit handelt es sich aber nicht um wesentliche Betriebsgrundlagen, die den Übernehmer hindern, „das Unternehmen fortzuführen" (BFH v. 27. 5. 1986 VII R 183/83, BStBl II 1986, 654).

c) Nach ständiger Rechtsprechung muss ein **lebendes Unternehmen** erworben werden, d. h. der Erwerber muss den Betrieb ohne Weiteres fortsetzen können (BFH v. 28.11.1973 I R 129/71, BStBl II 1974, 145). Insoweit könnten Bedenken bestehen, da der Laden erst nach einmonatiger Renovierung wieder eröffnet wurde. Durch kurzfristige Schließung wird die Haftung jedoch nicht ausgeschlossen, soweit das Unternehmen zum Zeitpunkt der Übergabe hätte fortgeführt werden können.

d) Zu prüfen ist weiterhin der Umfang der Haftung, der in mehrfacher Weise eingeschränkt ist; denn der Übernehmer haftet

- **sachlich** für Steuern, bei denen sich die Steuerpflicht auf den Betrieb des Unternehmens gründet, und für die Steuerabzugsbeträge,

- **zeitlich** für Steuern, die seit Beginn des letzten vor der Übereignung liegenden Kalenderjahres **entstanden** sind und bis zum Ablauf von einem Jahr nach Anmeldung des Betriebes durch den Erwerber **festgesetzt** werden (§ 75 Abs. 1 Satz 1 AO),

- **gegenständlich** beschränkt sich die Haftung auf das übernommene Vermögen (§ 75 Abs. 1 Satz 2 AO).

Hinsichtlich der einzelnen am 15.2.02 bestehenden Rückstände ist zu prüfen, ob diese Voraussetzungen erfüllt sind.

Einkommensteuer 02:

Es handelt sich zwar um eine „Steuer" (§ 3 Abs. 1 AO), sie kann ihrer Art nach aber nicht nur durch den Betrieb eines Unternehmens entstehen. Eine Haftung des Betriebsübernehmers für die Einkommensteuer des Veräußerers scheidet daher aus.

Lohnsteuer April 02 – Sept. 03:

Bei Arbeitnehmern wird die Lohnsteuer durch Steuerabzug vom Arbeitslohn erhoben (§ 38 Abs. 1 EStG). Bei der einbehaltenen Lohnsteuer handelt es sich daher um Steuerabzugsbeträge, für die der Betriebsübernehmer haftet, soweit die zeitlichen Voraussetzungen erfüllt sind. Da die Betriebsübergabe am 1.10.03 erfolgte, umfasst die Haftung die Lohnsteuer, die seit Beginn des Jahres 02 entstanden ist. Die Lohnsteuer entsteht mit Zufluss des Arbeitslohnes (§ 38 AO, § 38 Abs. 2 Satz 2 EStG). Vanessa Vanussi haftet daher für die Lohnsteuer in Höhe von 5 000 €, die zwischen dem 1.4.02 und dem 30.9.03 entstanden ist.

Umsatzsteuer Dez. 01:

Die Umsatzsteuer gründet sich auf den Betrieb eines Unternehmens (vgl. § 1 Abs. 1 UStG). Sie entsteht mit Ablauf des Kalendermonats, in dem der Umsatzsteuer auslösende Tatbestand verwirklicht wurde (§ 38 AO, § 13 UStG). Da die Umsatzsteuer für Dezember 01 bereits mit Ablauf des Dezember 01, also vor Beginn des Jahres 02 entstanden ist, haftet Vanessa Vanussi insoweit nicht.

Umsatzsteuer Jan. 02 – Sept. 03:

Diese Betriebssteuer ist innerhalb des für die Haftung in Betracht kommenden Zeitraumes entstanden. Vanessa Vanussi haftet daher als Betriebsübernehmerin für die Umsatzsteuer in Höhe von 22 000 €, die zwischen dem 1.1.02 und dem 30.9.03 entstanden ist.

Kfz-Steuer für Pkw-Kombi 02/03:

Die Kraftfahrzeugsteuer gründet sich nicht auf den Betrieb eines Unternehmens, sondern auf das Halten eines Kraftfahrzeuges. Sie fällt nicht nur durch „den Betrieb eines Unternehmens" an. Eine Haftung nach § 75 AO scheidet damit aus.

Säumniszuschläge:

Nach dem Wortlaut von § 75 Abs. 1 Satz 1 AO ist die Haftung ausdrücklich auf „Steuern" und „Steuerabzugsbeträge" beschränkt. Eine Haftung für Säumniszuschläge kommt daher nicht in Betracht.

Die Voraussetzungen für eine Haftungsinanspruchnahme sind bezüglich der am 15. 10. 03 bestehenden Rückstände

- in Höhe von 5 000 € für Lohnsteuer (April 02 – Sept. 03)

- und in Höhe von 22 000 € für Umsatzsteuer (Jan. 02 – Sept. 03),

- insgesamt also in Höhe von 27 000 € gegeben.

2.

a) Die Umsatzsteuer-Jahreserklärung 03 steht einer Steuerfestsetzung unter Vorbehalt der Nachprüfung gleich (§ 18 Abs. 3 Satz 1 UStG, §§ 150 Abs. 1 Satz 2, 168 AO). Die Umsatzsteuerfestsetzung für 03 konnte also wie die für 02 aufgrund der Feststellungen der Umsatzsteuerprüfung nach § 164 Abs. 2 AO geändert werden.

b) Auch für erst nach der Betriebsübernahme gegenüber dem Veräußerer festgesetzten Betriebssteuern kommt eine Haftung des Betriebsübernehmers in Betracht:

Die Umsatzsteuer für die Jahre 02 und 03 entstand seit Beginn des letzten vor der Übereignung liegenden Kalenderjahres.

Voraussetzung für die Haftung ist weiterhin, dass die Festsetzung durch Bekanntgabe der Änderungsbescheide an den Veräußerer innerhalb eines Jahres nach Anmeldung des Betriebes durch den Erwerber erfolgte. Die durch § 138 Abs. 1 AO vorgeschriebene Anmeldung eines Betriebes bei der Gemeinde erfolgte durch Vanessa Vanussi am 10. 2. 04. Eine Haftung kommt daher in Betracht, da die Änderungsbescheide für 02 und 03 im Januar 05, also vor dem 10. 2. 05, dem Veräußerer Alt bekannt gegeben wurden.

Zu beachten ist jedoch, dass die Haftung auf das übernommene Vermögen zu beschränken ist (§ 75 Abs. 1 Satz 2 AO), d. h. auf die übergebenen Gegenstände einschließlich der für nicht mehr vorhandene Wirtschaftsgüter ersatzweise angeschafften Gegenstände (vgl. AEAO zu § 75 Nr. 4.3). Die Haftung wird damit in der Regel durch die Höhe des Kaufpreises begrenzt, der dem Wert des übernommenen Vermögens entspricht. Da der Kaufpreis 28 000 € betrug und die Voraussetzungen der Haftung für Altrückstände schon in Höhe von 27 000 € vorliegen, kommt eine Haftung für die aufgrund der Umsatzsteuerprüfung nachgeforderten Beträge nur noch in Höhe von 1 000 € in Betracht.

3. Ein Haftungsbescheid darf nur ergehen, soweit der Haftungsanspruch noch nicht durch Ablauf der Festsetzungsfrist erloschen ist (§§ 47, 191 Abs. 3 Satz 1, 169 Abs. 1 Satz 1 AO). Die Festsetzungsfrist beginnt mit Ablauf des Jahres der Betriebsübergabe (§§ 191 Abs. 3 Satz 3,

75 AO), also mit Ablauf des Jahres 03, dauert 4 Jahre (§ 191 Abs. 3 Satz 2 AO) und endet somit mit Ablauf des Jahres 07 (§ 108 Abs. 1 AO, § 188 Abs. 2 BGB).

Ein auf § 75 AO gestützter Haftungsbescheid an Vanessa Vanussi darf bis zum Ablauf des Jahres 07 versandt werden (§§ 191 Abs. 3 Satz 1, 169 Abs. 1 Satz 3 AO).

Haftung nach Handelsrecht, Verjährung von Säumniszuschlägen

FALL 27

Sachverhalt: August Aust, Bernhard Best und Christian Crusius waren die Gesellschafter der Aust OHG; der nicht zur Vertretung der OHG berechtigte Crusius schied mit Ablauf des Jahres 02 aus. Dies wurde am 15.12.04 in das Handelsregister eingetragen.

Umsatzsteuervoranmeldungen waren für die Jahre 02 und 03 von der OHG nicht abgegeben worden. Die Umsatzsteuerjahreserklärungen waren für 02 im Jahre 04 und für 03 im Jahre 05 beim Finanzamt eingegangen und die angemeldete Umsatzsteuer für diese Jahre beglichen worden.

Am 15.3.06 wurden der OHG nach § 164 Abs. 2 AO geänderte Umsatzsteuerbescheide für die Jahre 02 und 03 bekannt gegeben. Augrund der Feststellungen einer Umsatzsteuerprüfung hatten sich Nachzahlungen von 30 000 € für 02 und von 40 000 € für 03 ergeben. Die Bescheide wurden unanfechtbar.

Am 15.4.06 hatte das Finanzamt einen Säumniszuschlag von 500 € gegenüber der OHG telefonisch angemahnt, weil die fristgerecht angemeldete Lohnsteuer für Mai 02 in Höhe von 10 040 € erst am 20.10.02 entrichtet worden war.

Am 5.10.09 erhielt Crusius folgendes Schreiben des Finanzamtes:

„Sie waren bis zum 31.12.02 Gesellschafter der Aust OHG, von der folgende Ansprüche aus dem Steuerschuldverhältnis nicht beglichen wurden:

Umsatzsteuer 02	30 000 €
Umsatzsteuer 03	40 000 €
Säumniszuschläge zur Lohnsteuer für Mai 02	500 €

Als ehemaliger Gesellschafter der OHG haften Sie für diese Ansprüche neben den Gesellschaftern Aust und Best, die vermögenslos sind. Da die OHG Ende 06 ihre Zahlungen eingestellt hat und zwischenzeitlich aufgelöst wurde, ist der Erlass eines Haftungsbescheides gegen Sie geboten. Wir bitten um Ihre Stellungnahme bis 10.11.09."

AUFGABE:

Kann Crusius im Jahre 09 noch

1. für den Säumniszuschlag zur Lohnsteuer für Mai 02,
2. für die Umsatzsteuer 03 sowie
3. für die Umsatzsteuer 02

durch Haftungsbescheid in Anspruch genommen werden?

Lehrbuch Rdn. 462, 613, 614 f., 631ff., 638 ff., 648 ff.

LÖSUNG

Durch das Schreiben des Finanzamtes vom 5. 10. 09 soll Crusius vor Erlass des Haftungsbescheides Gelegenheit gegeben werden, sich zu den für den Erlass eines Haftungsbescheides erheblichen Tatsachen zu äußern (§ 91 Abs. 1 Satz 1 AO).

Die Inanspruchnahme des Crusius im Jahre 09 durch Haftungsbescheid ist zulässig, wenn

► der dem Haftungsanspruch zugrunde liegende **Anspruch aus dem Steuerschuldverhältnis** (§ 37 AO) dem Grunde und der Höhe nach entstanden (§ 38 AO),

► aber noch nicht erloschen ist (§§ 191 Abs. 5, 47 AO) und

► Crusius kraft „Gesetzes" (§ 4 AO) haftet (§ 191 Abs. 1 AO),

► dieser **Haftungsanspruch** aber noch nicht erloschen ist (§ 191 Abs. 3 oder 4 AO) sowie

► der Erlass eines Haftungsbescheides gegen Crusius ermessensgerecht ist (§ 5 AO).

1. **Haftung des Crusius für die Säumniszuschläge zur Lohnsteuer für Mai 02.**

   a) Säumniszuschläge entstehen mit Verwirklichung des gesetzlichen Tatbestandes (§ 38 AO), also mit Beginn eines jeden Monats der Säumnis (§ 240 Abs. 1 Satz 1 AO) nach Fälligkeit der Lohnsteuer (§ 240 Abs. 1 Satz 2 AO, § 41a Abs. 1 Satz 1 EStG; vgl. ergänzend §§ 150 Abs. 1 Satz 2, 168 AO). Ein Säumniszuschlag in Höhe von je 100 € (1 % von 10 000 €) entstand also mit Ablauf des 10. 6., des 10. 7., des 10. 8., des 10. 9. und des 10. 10. 02. Bei Zahlung der Lohnsteuer für Mai 02 in Höhe von 10 040 € am 20. 10. waren also Säumniszuschläge in Höhe von insgesamt 500 € entstanden.

   b) Ein Haftungsbescheid wegen dieses Säumniszuschlages darf jedoch nicht mehr ergehen, soweit der Säumniszuschlag gegen den Schuldner, die Aust OHG, festzusetzen ist und wegen Ablauf der **Festsetzungsfrist** nicht mehr festgesetzt werden kann (§ 191 Abs. 5 Nr. 1 AO). Diese Vorschrift geht davon aus, dass Ansprüche aus dem Steuerschuldverhältnis durch schriftlichen Bescheid festzusetzen sind (vgl. § 218 Abs. 1 AO), was innerhalb der Festsetzungsfrist erfolgen muss (vgl. § 169 Abs. 1 AO). Da jedoch bei Säumniszuschlägen „die Verwirklichung des gesetzlichen Tatbestandes" genügt (§ 218 Abs. 1 Satz 1 2. Halbsatz AO), bedarf es keiner Festsetzung. Folglich ist ein Erlöschen von Säumniszuschlägen durch „Festsetzungs"-Verjährung ausgeschlossen.

   c) Ein Haftungsbescheid könnte ferner wegen der Säumniszuschläge zur Lohnsteuer für Mai 02 nicht mehr ergehen, soweit der Säumniszuschlag im Jahre 09 „verjährt" ist (§ 191 Abs. 5 Nr. 2 AO); gemeint ist hier, durch Ablauf der Frist für die **Zahlungsverjährung** erloschen ist (vgl. §§ 47, 37, 3 Abs. 4, 232 AO).

   Die Säumniszuschläge waren hier – wie oben dargelegt – im Jahre 02 erstmals fällig. Die Frist für die Zahlungsverjährung begann also mit Ablauf des Jahres 02 (§ 229 Abs. 1 Satz 1

AO), dauerte 5 Jahre (§ 228 Satz 2 AO) und endete somit mit Ablauf des Jahres 07. Die Unterbrechung der Zahlungsverjährung ist nur durch **schriftliche** Geltendmachung des Anspruchs möglich (§ 231 Abs. 1 Satz 1 AO).

Ein Haftungsbescheid wegen des Säumniszuschlages kann folglich im Jahre 09 wegen Eintritts der Zahlungsverjährung nicht mehr ergehen.

2. **Haftung des Crusius für die Umsatzsteuer 03 der OHG**

   a) Die Umsatzsteuer 03 entstand mit Ablauf des Jahres 03 (§ 38 AO, § 13 UStG). Die Festsetzung erfolgte durch Abgabe der Umsatzsteuerjahreserklärung für 03 im Jahre 05 (§ 18 Abs. 3. UStG, §§ 150 Abs. 1 Satz 2, 168 AO).

   Auch die Änderung des Umsatzsteuerbescheides 03 nach § 164 Abs. 2 AO im Jahre 06 erfolgte offensichtlich innerhalb der Festsetzungsfrist (§ 169 Abs. 1 Satz 1 AO), die mit Ablauf des Jahres 05 begann (§ 170 Abs. 2 Nr. 1 AO, § 18 Abs. 3 Satz 1 UStG), vier Jahre dauerte (§ 169 Abs. 2 Nr. 2 AO) und folglich mit Ablauf des Jahres 09 endete.

   Der Anspruch auf Umsatzsteuer 03 gegenüber der OHG in Höhe von 40 000 € wurde also dem Grunde und der Höhe nach ordnungsgemäß festgesetzt. § 191 Abs. 5 Nr. 1 AO steht demnach dem Erlass eines Haftungsbescheides nicht entgegen.

   b) Zahlungsverjährung ist nicht eingetreten (§ 232 AO). Die Frist begann mit Ablauf des Jahres der erstmaligen Fälligkeit des Betrages von 40 000 € einen Monat nach Bekanntgabe des Änderungsbescheides für die USt 03 am 15. 3. 06 (§ 18 Abs. 4 Satz 2 UStG), also mit Ablauf 06 (§ 229 Abs. 1 AO), dauerte 5 Jahre (§ 228 Satz 2 AO) und endete somit erst mit Ablauf des Jahres 11. Auch hier steht § 191 Abs. 5 Nr. 2 AO dem Erlass eines Haftungsbescheides nicht entgegen.

   c) Als materielle Haftungsnorm kommt § 128 HGB in Betracht. Denn nach §§ 191 Abs. 1, 4 AO kann ein Haftungsbescheid auch auf außersteuerliche Rechtsnormen gestützt werden. Allerdings ergibt sich aus dem Wortlaut des § 128 Satz 1 HGB, dass Crusius nur für Verbindlichkeiten der OHG haftet, die während der Zeit entstanden sind, in der er Gesellschafter war. Crusius schied zum 31. 12. 02 aus; die Umsatzsteuer 03 entstand jedoch erst im Jahre 03 (§ 13 UStG).

   Unerheblich ist in diesem Zusammenhang, dass das Ausscheiden des Crusius erst am 15. 12. 04 in das Handelsregister eingetragen wurde. Zwar besagt § 15 Abs. 1 HGB, dass eine in das Handelsregister einzutragende Tatsache (vgl. § 143 Abs. 2 HGB) gegenüber Dritten erst nach der Eintragung wirkt. Nach allgemeiner aus § 15 Abs. 4 HGB abgeleiteter Ansicht gilt § 15 Abs. 1 HGB jedoch nur im Geschäftsverkehr, also nicht bei Geltendmachung eines Haftungsanspruches durch das Finanzamt (BFH v. 13. 4. 1978 V R 94/74, BStBl II 1978, 490).

Crusius haftet nicht für die Umsatzsteuer 03, da insoweit eine Anspruchsgrundlage für seine Haftung fehlt.

3. **Haftung des Crusius für die Umsatzsteuer 02 der OHG**

   a) Auch die Änderung des Umsatzsteuerbescheides für 02 war offensichtlich innerhalb der Festsetzungsfrist erfolgt, die mit Ablauf des Jahres 04 begann (§ 170 Abs. 2 Nr. 1 AO), vier Jahre dauerte (§ 169 Abs. 2 Nr. 2 AO) und mit Ablauf des Jahres 08 endete.

Auch Zahlungsverjährung ist nicht eingetreten. Bei Beginn mit Ablauf des Jahres 06 endete die 5-Jahresfrist erst mit Ablauf des Jahres 11. § 191 Abs. 5 AO steht daher dem Erlass eines Haftungsbescheides wegen Umsatzsteuer 02 nicht entgegen.

b) Für die Umsatzsteuer 02 sind die Voraussetzungen für die Haftung nach § 191 Abs. 1, 4 AO, §§ 128, 160 Abs. 1 HGB gegeben. Denn die Umsatzsteuer 02 entstand während des Jahres 02 (§ 13 UStG), in dem Crusius noch Gesellschafter war.

c) Der Haftungsanspruch ist noch nicht verjährt. Für die Verjährung des Haftungsanspruches aus § 128 HGB sind nach § 191 Abs. 4 AO die Vorschriften des HGB maßgebend. Nach § 160 Abs. 1 HGB beginnt die Verjährung mit Ablauf des Tages der Eintragung des Ausscheidens in das Handelsregister, also mit Ablauf des 15. 12. 04. Sie dauert 5 Jahre (§ 160 Abs. 1 HGB) und endet daher mit Ablauf des 15. 12. 09.

d) Da § 191 Abs. 1 AO den Erlass eines Haftungsbescheides in das Ermessen des Finanzamtes stellt, darf der Haftungsbescheid nur nach pflichtgemäßer Ermessensausübung durch das Finanzamt ergehen (§ 5 AO). Gegen die OHG als Steuerschuldner kann nach deren Zahlungsunfähigkeit nicht mehr vollstreckt werden. Daher ist es ermessensgerecht, dass sich das Finanzamt zu einer Inanspruchnahme der Haftungsschuldner entschließt **(Entschließungsermessen)**. Es entspricht auch pflichtgemäßer Ermessensausübung, bei Vermögenslosigkeit der anderen haftenden Gesellschafter Aust und Best den Gesamtschuldner Crusius (§ 44 Abs. 1 Satz 1 AO, § 128 Satz 1 HGB) als Haftungsschuldner auszuwählen **(Auswahlermessen)**.

e) Bei Erlass eines Haftungsbescheides mit Zahlungsaufforderung ist § 219 AO zu beachten.

Der ehemalige Gesellschafter Crusius kann für die Umsatzsteuer 02 der OHG bis zum 15. 12. 09 durch Haftungsbescheid in Anspruch genommen werden.

Kapitel 9: Einspruchsverfahren

Einspruchsverfahren, Auslegung

Sachverhalt: Christine Weiß hat Einkünfte aus freiberuflicher Tätigkeit, aus nichtselbständiger Tätigkeit sowie aus Vermietung und Verpachtung. Der Arbeitgeber von Weiß hat bei der Auszahlung der Löhne insgesamt 11 500 € Lohnsteuer ordnungsgemäß einbehalten und an das Finanzamt abgeführt.

Das Finanzamt veranlagte Weiß zu einer Einkommensteuer für 01 von 35 500 €. Unter Berücksichtigung der rechtzeitig geleisteten Vorauszahlungen von 10 000 € und einer einbehaltenen Lohnsteuer von 10 500 € verlangte das Finanzamt eine Abschlusszahlung von 15 000 €. Der Steuerbescheid ging am 10. 4. 03 zur Post. Die Steuerpflichtige wurde aufgefordert, bis zum 15. 5. 03 den Betrag von 15 000 € an die Finanzkasse zu entrichten.

Am 5. 5. 03 ging ein Schreiben von Weiß beim Finanzamt ein, in dem sie „Einspruch gegen den Steuerbescheid" vom 10. 4. 03 einlegte. Sie trug Folgendes vor:

In ihrer Steuererklärung für 01 habe sie vergessen, Reparaturaufwendungen (steuerliche Auswirkung: 4 000 €) für ein vermietetes Einfamilienhaus geltend zu machen. Die Rechnung habe sie versehentlich in ihren Akten für das Jahr 02 eingereiht und erst jetzt wieder entdeckt.

Ihre Einkommensteuer mindere sich schließlich um weitere 1 000 €, da sie insoweit mit einem Vorsteuervergütungsanspruch aufrechne.

Schließlich habe das Finanzamt versehentlich nur eine Lohnsteuer von 10 500 € berücksichtigt.

1. Welche Verwaltungsakte hat das Finanzamt im vorliegenden Fall erlassen? Wie lautet jeweils der erkennende Teil (Tenor) des Verwaltungsaktes?

2. Wie ist das Schreiben von Frau Weiß auszulegen?

3. Wie wird das Finanzamt über die Anträge entscheiden, wenn die Einwendungen von Weiß materiell-rechtlich richtig sind?

4. Wie wäre zu entscheiden, wenn das Schreiben von Weiß erst am 14. 5. 03 beim Finanzamt eingegangen wäre?

Lehrbuch Abgabenordnung, Rdn. 358 f., 772 f., 776–778, 783–785, 848–852, 855

LÖSUNG

1. Mit dem Bescheid vom 10.4.03 hat das Finanzamt tatsächlich drei verschiedene Verwaltungsakte i.S.v. § 118 AO erlassen:

   a) Den Einkommensteuerbescheid (§ 155 Abs.1 AO) mit dem Tenor: Die Einkommensteuerschuld 01 der Weiß beträgt 35 500 €.

   b) Die Anrechnungsverfügung, einen sonstigen Steuerverwaltungsakt i.S.v. § 118 AO, § 36 Abs.2 EStG (vgl. BFH v. 16.10.1986 VII R 159/83, BStBl II 1987, 405) mit dem Tenor: Die Abschlusszahlung der Weiß beträgt 15 000 €.

   c) Das Leistungsgebot (§ 254 Abs.1 AO) mit dem Tenor: Die geschuldete Steuer ist bis zum 15.5.03 zu entrichten.

2. Bei der Auslegung von Rechtsbehelfen ist der tatsächliche Wille des Rechtsbehelfsführers zu erforschen (vgl. § 133 BGB entsprechend). Dabei kommt es nicht auf die Bezeichnung des Rechtsbehelfes an, sondern es ist insbesondere zu klären, gegen welche der Verwaltungsakte sich der Rechtsbehelf inhaltlich richtet.

   a) Soweit Frau Weiß Reparaturaufwendungen geltend macht, wendet sie sich inhaltlich gegen die Höhe der Steuerschuld. Sie legt also Einspruch gegen den Steuerbescheid ein (§ 347 Abs.1 Nr.1 AO).

   b) Mit der Geltendmachung des Vorsteuervergütungsanspruchs kann sie sich nicht mit Erfolg gegen die Festsetzung der Einkommensteuer wenden. Ihre Einwendung ist nicht Teil des Steuerfestsetzungs-, sondern des Erhebungsverfahrens (vgl. § 218 AO).

   c) Soweit Weiß eine Verrechnung der zusätzlich einbehaltenen Lohnsteuer von 1 000 € verlangt, wendet sie sich inhaltlich gegen die Anrechnungsverfügung. Gegen diese ist allerdings nicht der Einspruch gegeben. Nach der Rechtsprechung des BFH gehört die Verrechnung vorausgezahlter Steuern (z. B. nach § 36 Abs.2 EStG) zum Erhebungsverfahren (§§ 218 ff. AO). Weiß muss daher einen Verwaltungsakt nach § 218 Abs.2 AO beantragen (Abrechnungsbescheid) und diesen ggf. mit Einspruch (§ 347 Abs.1 Nr.1 AO) angreifen (AEAO zu § 218 Nr.3).
   Weiß hat damit einen Antrag auf Erlass eines Abrechnungsbescheides gestellt.

3. Alle Rechtsbehelfe sind zulässig (§ 358 AO). Sie sind insbesondere frist- und formgerecht. Auf die falsche Bezeichnung kommt es nicht an (§ 357 Abs.1 Satz 4 AO).

   a) Der Einspruch gegen den Einkommensteuerbescheid führt zur Wiederaufrollung (§ 367 Abs.2 Satz 1 AO). Die Steuerpflichtige hat Einkünfte aus Vermietung und Verpachtung (§ 21 Abs.1 Nr.1 EStG). Die Reparaturaufwendungen sind damit in Zusammenhang stehende Werbungskosten (§ 9 Abs.1 EStG). Das Finanzamt wird einen Abhilfebescheid erlassen (§§ 367 Abs.2 Satz 3, 132, 172 Abs.1 Nr.2a AO) mit dem Tenor: Die Einkommensteuer wird auf 31 500 € festgesetzt.

   b) Da dem Finanzamt bei der Anrechnung der Lohnsteuer (§ 36 Abs.2 Nr.2 EStG) ein Übertragungsfehler unterlaufen ist, wird es im Sinne des Antrages von Weiß die Anrechnungsverfügung nach § 129 AO berichtigen (BFH v. 15.4.1997 VII R 100/96, BStBl II 1997, 787).

Unter Berücksichtigung der korrigierten Einkommensteuerfestsetzung lautet der Tenor des Abrechnungsbescheides: Die Abschlusszahlung beträgt 10 000 €.

Würde das Finanzamt dem Antrag von Weiß nicht folgen, müsste es einen Abrechnungsbescheid nach § 218 Abs. 2 AO erlassen, der einspruchsfähig wäre (AEAO a. a. O.).

c) Mit der Aufrechnung durch Weiß (vgl. § 226 Abs. 1 und 3 AO, § 387 BGB) ist die Einkommensteuer in Höhe von 1 000 € erloschen (§ 47 AO). Die Steuerschuld beträgt dann lediglich 9 000 €.

4. Wäre das Schreiben von Weiß am 14. 5. 03 eingegangen, so wären ihre Einsprüche verspätet: Beginn der Frist mit Ablauf des 13. 4. 03 (§ 108 Abs. 1 AO, § 187 Abs. 1 BGB, § 122 Abs. 2 Nr. 1 AO); Ende der Frist mit Ablauf 13. 5. 03 (§ 108 Abs. 1 AO, § 188 Abs. 2 BGB, § 355 Abs. 1 AO). Ergeben sich keine Wiedereinsetzungsgründe (§ 110 AO), so sind die Einsprüche als unzulässig zu verwerfen (§ 358 AO).

Dann muss das Finanzamt prüfen, ob Korrekturvorschriften eingreifen.

a) Die Reparaturaufwendungen sind neue Tatsachen i. S. v. § 173 Abs. 1 Nr. 2 AO, die sich nunmehr zugunsten des Steuerpflichtigen auswirken. Grobes Verschulden ist zu verneinen, wenn die Steuerpflichtige lediglich ein Versehen begangen hat und damit nur einfache Fahrlässigkeit vorliegt, wie etwa das versehentliche Abheften in der falschen Akte. Zwar handelt ein Steuerpflichtiger grundsätzlich grob schuldhaft, wenn er eine im Steuererklärungsformular ausdrücklich gestellte Frage nicht beantwortet. In den Erklärungsformularen wird bei den Einkünften aus Vermietung und Verpachtung nach den Instandsetzungsaufwendungen gefragt. Wegen der versehentlich falschen Ablage war sich Weiß aber nicht bewusst, dass sie solche Aufwendungen hatte, so dass keine Verletzung der subjektiv zumutbaren Sorgfaltspflicht in ungewöhnlichem Maße und in nicht entschuldbarer Weise vorliegt (grobe Fahrlässigkeit). Die Einkommensteuer wird daher auf 31 500 € korrigiert.

b) Auch in diesem Falle wird das Finanzamt die Verrechnung richtig stellen (vgl. oben zur Lösung 3b).

Der Steuerschuldner kann grundsätzlich bis zum Eintritt der Zahlungsverjährung (§§ 228 ff. AO) einen Abrechnungsbescheid verlangen.

c) Die Ausführungen zur Aufrechnung von Weiß mit dem Vorsteuererstattungsanspruch bleiben unverändert (vgl. Lösung 3. c).

Einspruchsverfahren, § 172 Abs. 1 Nr. 2a AO

FALL 29

Sachverhalt: Werner Kunz erhält am 5. 5. 05 seinen Einkommensteuerbescheid 03 mit einer Steuerschuld von 40 000 €. Der Bescheid war am 2. 5. 05 zur Post gegangen. Am 15. 5. 05 geht beim zuständigen Finanzamt ein Schreiben des steuerlichen Vertreters des Kunz, Steuerberater Rath, ein, mit dem Antrag, „im Wege der schlichten Änderung" die Einkommensteuer 03 um

1 000 € herabzusetzen, da die Aufwendungen für eine berufliche Fortbildung als Werbungskosten rechtsirrtümlich nicht anerkannt worden seien. Am 7. 6. 05 teilt das Finanzamt dem Steuerberater Rath unter Hinweis auf die Rechtsprechung des Bundesfinanzhofes mit, dass die Werbungskosten zu Recht nicht anerkannt worden seien. Rath schließt sich nunmehr der Rechtsmeinung des Finanzamtes an. Am 15. 6. 05 erreicht das Finanzamt ein weiteres Schreiben des Rath. Darin beantragt er, Arztkosten als außergewöhnliche Belastungen seines Mandanten bei der Einkommensteuer 03 mit einer steuerlichen Auswirkung von 5 000 € anzuerkennen. Gleichzeitig stellt er Antrag auf Aussetzung der Vollziehung. Das Finanzamt stellt fest, dass das nachträgliche Vorbringen der außergewöhnlichen Belastungen grob fahrlässig war. Rath ist der Ansicht, das grobe Verschulden seines Mandanten sei bedeutungslos. Mit Schreiben vom 18. 7. 05 lehnt das Finanzamt schließlich den Erlass eines Korrekturbescheides ab. Am 25. 7. 05 legt Kunz, vertreten durch seinen Steuerberater, Einspruch ein mit der Begründung, die außergewöhnlichen Belastungen seien anzuerkennen. Außerdem sei eine weitere Herabsetzung der Steuer um 800 € vorzunehmen, weil das Finanzamt die als Sonderausgaben geltend gemachten Spenden rechtsfehlerhaft nicht anerkannt habe.

AUFGABE:

1. Wie ist Raths Antrag vom 15. 5. 05 auszulegen?

2. Hat das Finanzamt am 18. 7. 05 den Antrag Raths zu Recht abgelehnt?

3. Muss das Finanzamt gegebenenfalls dem Antrag auf Aussetzung der Vollziehung entsprechen?

4. Wird der Einspruch vom 25. 7. 05 Erfolg haben?

5. Wie wäre zu entscheiden, wenn Rath am 15. 5. 05 zulässigen Einspruch eingelegt hätte?

LITERATURHINWEIS

Lehrbuch Abgabenordnung, Rdn. 343, 345 f., 772 f., 776–778, 783–785, 789, 797 ff., 805 f., 824, 848–852

LÖSUNG

1. Im Einzelfall kann es zweifelhaft sein, ob ein Antrag auf schlichte Änderung gem. § 172 Abs. 1 Nr. 2 Buchst. a AO vorliegt oder ein Einspruch (§ 347 AO). Die Unterscheidung ist erheblich, weil der Antrag nach § 172 Abs. 1 Nr. 2 Buchst. a AO nur zu einer punktuellen Korrektur führt, während der Einspruch eine Gesamtaufrollung des Falles auslöst (§ 367 Abs. 2 Satz 1 AO). Im vorliegenden Fall wurde allerdings von einem Steuerberater ausdrücklich ein Antrag auf schlichte Änderung gestellt, so dass eine Auslegung als Einspruch wegen der Eindeutigkeit der Erklärung ausscheidet.

2. Da kein Einspruch erfolgte, wurde der Einkommensteuerbescheid mit Ablauf 5. 6. 05 bestandskräftig. Das Finanzamt durfte nur eine punktuelle Korrektur nach § 172 Abs. 1 Nr. 2

Buchst. a AO durchführen. Der Korrekturantrag bezüglich der Werbungskosten war innerhalb der Rechtsbehelfsfrist gestellt. Dies gilt jedoch nicht in Bezug auf das Nachschieben der außergewöhnlichen Belastung. Diese wurden mit Schreiben vom 15. 6. 05 erstmals geltend gemacht, also nach Eintritt der Bestandskraft.

Eine Erweiterung des rechtzeitig gestellten genau bestimmten Antrages auf 5 000 € ist nach Ablauf der Einspruchsfrist nicht mehr möglich (AEAO zu § 172 Nr. 2). Auch wenn nur die Festsetzung der Steuer, nicht aber die Begründung und die Besteuerungsgrundlagen in Bestandskraft erwachsen (vgl. § 157 Abs. 2 AO), so ist zur Bestimmung des Änderungsrahmens der Lebenssachverhalt darzustellen, der im ursprünglichen Steuerbescheid nicht zutreffend gewürdigt worden ist, hier also die im Zusammenhang mit der beruflichen Fortbildung entstandenen Aufwendungen. Die sich daraus ergebende steuerliche Auswirkung bildet diesen Lebenssachverhalt nur ab, ohne selbst Gegenstand des Änderungsantrages zu werden (BFH v. 20. 12. 2006, X R 30/05 in BStBl II 2007, 503).

Der **nach** Ablauf der Einspruchsfrist (am 25. 7. 05) vorgetragene Sachverhalt zu den Spenden ist daher nicht eine ergänzende oder ausgetauschte Begründung zum ursprünglich gestellten Änderungsantrag (AEAO zu § 172 Nr. 2), sondern ein **neuer Änderungsantrag** zugunsten des Steuerpflichtigen, der jedoch nicht fristgerecht gestellt wurde. Es ist daher auch nicht möglich, eine Änderung um 1 000 € vorzunehmen, weil dies die steuerliche Auswirkung des rechtzeitig gestellten Änderungsantrages gewesen wäre.

Das Finanzamt hat daher den Antrag auf Änderung um 5 000 € zu Recht abgelehnt. Eine Korrektur nach § 173 Abs. 1 Nr. 2 AO scheidet wegen des groben Verschuldens aus. Der vom Steuerpflichtigen vorgetragene Rechtsfehler bezüglich der Sonderausgaben erfüllt keinen Korrekturtatbestand.

3. Voraussetzung eines Antrages auf Aussetzung der Vollziehung ist immer ein Rechtsbehelf (vgl. § 361 Abs. 2 AO, § 69 Abs. 2 FGO). Da ein solcher nicht vorliegt, war der Antrag unzulässig.
   (Siehe auch *Lehrbuch Abgabenordnung*, Rdn. 824)

4. Einsprüche sind gegen Verwaltungsakte zulässig. Die Ablehnung des Erlasses eines Korrekturbescheides ist ein einspruchsfähiger Verwaltungsakt (vgl. §§ 347 Abs. 1 Nr. 1, 155 Abs. 1 Satz 3 AO). Der Einspruch war form- und fristgerecht (§§ 357 Abs. 1, 355 AO). Der Einspruchsführer war als Adressat des ablehnenden VA befugt und durch die Steuerfestsetzung auch beschwert (§ 350 AO).

   Da der Steuerbescheid vom 2. 5. 05 zwischenzeitlich bestandskräftig geworden ist, muss beim Umfang der Änderung § 351 Abs. 1 AO beachtet werden. Der Steuerpflichtige kann mit Erfolg nur noch vortragen, das Finanzamt habe seinen Antrag auf schlichte Änderung wegen der außergewöhnlichen Belastung zu Unrecht abgelehnt. Der Festsetzung der materiell zutreffenden Steuer (Berücksichtigung der Sonderausgaben) steht die Bestandskraft des Erstbescheides entgegen, die nicht durch Korrekturvorschriften durchbrochen werden kann. Der Einspruch ist daher als unbegründet zurückzuweisen.
   (Siehe auch *Lehrbuch Abgabenordnung*, Rdn. 772 f., 776–778, 783–785, 789 f.)

5. Ein zulässiger Einspruch gegen den Erstbescheid führt zur Gesamtaufrollung des Falles (§ 367 Abs. 2 AO). Im Rahmen der Wiederaufrollung würden die außergewöhnlichen Belastungen und die Sonderausgaben berücksichtigt werden. Das Finanzamt würde einen Abhilfe-

bescheid mit einer Steuerfestsetzung von 34 200 € erlassen und damit das Einspruchsverfahren ohne förmliche Einspruchsentscheidung beenden (§§ 367 Abs. 2 Satz 3, 132, 172 Abs. 1 Nr. 2a AO).

(Siehe auch *Lehrbuch Abgabenordnung*, Rdn. 848–852)

Einspruchsverfahren, Fristberechnung

FALL 30

Sachverhalt: Mit Einkommensteuerbescheid, der am Donnerstag, dem 31. August, zur Post ging, wurde die Einkommensteuer für den Steuerpflichtigen Peter Kühn auf 5 290 € festgesetzt. Am 4. Oktober legte der Steuerpflichtige Einspruch ein und bat, weil er den Bescheid mit der Post bereits am 1. September erhalten hatte, um Wiedereinsetzung in den vorigen Stand wegen Arbeitsüberlastung. Außerdem beantragte er, die Steuer niedriger festzusetzen, weil er Zahlungen an die Lebensversicherung in Höhe von 2 000 € bisher aus Nachlässigkeit nicht als Sonderausgabe geltend gemacht habe. Das Finanzamt hielt den Einspruch für verspätet und forderte Kühn auf, weitere Wiedereinsetzungsgründe vorzutragen und die Zahlungen an die Lebensversicherung nachzuweisen.

Der Steuerpflichtige legte die Lebensversicherungspolice vor und erklärte, weitere Wiedereinsetzungsgründe habe er nicht. Er müsse jedoch darauf bestehen, dass die Steuer herabgesetzt werde. Das Finanzamt erließ im November einen gemäß § 172 Abs. 1 Nr. 2a AO geänderten Bescheid, in dem es die Zahlungen an die Versicherung berücksichtigte und die Steuer auf 4 559 € festsetzte.

Gegen den so geänderten Bescheid legte der Steuerpflichtige erneut form- und fristgerecht Einspruch ein und begehrte den Abzug von aufgrund eines erst jetzt entdeckten Fehlers in seinen Buchführungsunterlagen bisher nicht geltend gemachten Betriebsausgaben (steuerliche Auswirkung: 120 €). Der Sachbearbeiter des Finanzamtes teilte daraufhin dem Steuerpflichtigen mit, dass er diesen zweiten Einspruch für unzulässig halte, weil seinem ersten Einspruch bereits in vollem Umfang stattgegeben worden sei und er deshalb einen weiteren Rechtsbehelf nicht mehr habe.

AUFGABE:

1. Durfte der geänderte Bescheid vom November ergehen?

2. War die Mitteilung des Sachbearbeiters über die Unzulässigkeit des zweiten Einspruchs zutreffend?

3. Was müsste das Finanzamts veranlassen, wenn der zweite Einspruch wegen Versäumung der Einspruchsfrist unzulässig wäre?

LITERATURHINWEIS

Lehrbuch Abgabenordnung, Rdn. 116, 783–788, 852

LÖSUNG

1. Der Einkommensteuerbescheid wurde durch die Post übermittelt. In diesem Falle gilt die Bekanntgabe mit dem dritten Tag nach der Aufgabe zur Post, das ist der 3. September, als bewirkt (§ 122 Abs. 2 Nr. 1 AO). Diese Bekanntgabefiktion gilt auch dann, wenn der Steuerpflichtige den Bescheid tatsächlich früher erhalten hat. Die Rechtsbehelfsfrist beginnt grundsätzlich mit Ablauf des Bekanntgabetages (hier dem 3. September) zu laufen. Da dieser Tag ein Sonntag ist, wird auf die 3-Tagesfiktion § 108 Abs. 3 AO angewendet, so dass als Bekanntgabetag der 4. 9. gilt (vgl. auch AEAO zu § 108 Nr. 2).

   Die wegen der zutreffenden Rechtsbehelfsbelehrung einmonatige Einspruchsfrist beginnt daher mit Ablauf des 4. 9. und endet mit Ablauf des 4. 10. (§§ 355 Abs. 1, 108 Abs. 1, Abs. 3, 122 Abs. 2 Nr. 1 AO, §§ 187 Abs. 1, 188 Abs. 2 BGB). Da der Einspruch des Steuerpflichtigen Kühn rechtzeitig bei der zutreffenden Anbringungsbehörde (§ 357 Abs. 2 AO) eingegangen ist, bedarf es keiner Wiedereinsetzung in den vorigen Stand.

   Mit dem nach §§ 172 Abs. 1 Nr. 2a, 132 AO geänderten Bescheid hat das Finanzamt dem Vorbringen des Steuerpflichtigen in vollem Umfang entsprochen. Das Einspruchsverfahren wurde damit beendet, ohne dass es einer förmlichen Einspruchsentscheidung bedurfte (§ 367 Abs. 2 Satz 3 AO).

2. Die Auskunft des Sachbearbeiters ist nicht zutreffend. Auch gegen den nach § 172 Abs. 1 Nr. 2a AO geänderten Bescheid ist als Rechtsbehelf der Einspruch statthaft (§ 347 Abs. 1 Nr. 1 AO). Dass dem ursprünglichen Einspruch in vollem Umfang entsprochen worden ist, führt nicht etwa mangels Beschwer (§ 350 AO) zum Verlust des Rechtsbehelfs gegen den geänderten Bescheid. Der Steuerpflichtige ist beschwert, solange ihn der Einkommensteuerbescheid mit einer Steuer belastet (BFH vom 18. 4. 2007 XI R 47/05 BStBl II 2007, 736).

3. Das Finanzamt wird den erneuten Einspruch „als unzulässig verwerfen" (§ 358 AO), gleichwohl aber prüfen, ob es nicht dem Begehren des Steuerpflichtigen durch Änderung des Steuerbescheides Rechnung tragen kann. Hier wurden dem Finanzamt nach Abschluss der Willensbildung über den Änderungsbescheid durch den zuständigen Amtsträger – also nachträglich – Tatsachen bekannt, die zu einer niedrigeren Steuer führen. Da bei einem Fehler in der Buchführung mangels anderer Erkenntnisse von einem einfachen Versehen und damit nur von einfacher Fahrlässigkeit auszugehen ist, trifft den Steuerpflichtigen kein grobes Verschulden am nachträglichen Bekanntwerden der Tatsache. Der Steuerbescheid ist daher nach § 173 Abs. 1 Nr. 2 AO zu ändern. Eine Berichtigung nach § 129 AO scheidet dagegen aus, da es sich nicht um einen Fehler des Finanzamtes handelt. Um eine förmliche Einspruchsentscheidung wegen der Unzulässigkeit zu vermeiden, kann das Finanzamt nach Korrektur beim Steuerpflichtigen anregen, den Einspruch zurückzunehmen (§ 362 AO).

HINWEIS

Wenn der Fehler in der Buchführung durch einen Schreib- oder Rechenfehler zustande kam, könnte die Korrektur der Steuerfestsetzung auch auf § 173a AO gestützt werden.

Einspruchsverfahren, Festsetzungsverjährung

FALL 31

Sachverhalt: Hans Ammer hat ein Elektrofachgeschäft. Er wurde mit seiner Ehefrau Else zusammen zur Einkommensteuer veranlagt. Die Steuererklärungen hatten die Ehegatten jeweils in den den Veranlagungszeiträumen folgenden Kalenderjahren abgegeben, so auch für den Veranlagungszeitraum 01. Das Finanzamt hatte die Einkommensteuer 01 daraufhin bestandskräftig auf 20 000 € festgesetzt.

Im Jahre 06 erließ das zuständige Finanzamt eine an Hans Ammer gerichtete Prüfungsanordnung nach § 193 Abs. 1 AO, die sich unter anderem auf die Einkommensteuer 01 erstreckte. Der Prüfer begann am 12. 11. 06 mit der Prüfung. Am nächsten Tag erkrankte der Prüfer schwer, so dass er die Prüfung erst Anfang Oktober 07 fortsetzen konnte. Dabei stellte er fest, dass Hans Ammer seine Einnahmen aus dem Elektrogeschäft grob fahrlässig nicht vollständig erklärt hatte. Nachdem die Prüfung im Dezember 07 beendet war und Ammer gegen den Prüfungsbericht keine Einwendungen erhoben hatte, gab das Finanzamt am Gründonnerstag, dem 31. 3. 08, unter anderem den nach § 173 Abs. 1 Nr. 1 AO geänderten Einkommensteuerbescheid 01 zur Post. Es erhöhte die Steuer wegen nicht erklärter Einnahmen auf 30 000 €. Am 6. 5. 08 fand sich bei Dienstbeginn im Briefkasten des Finanzamtes ein Einspruch von Else Ammer, in dem sie vortrug, der geänderte Einkommensteuerbescheid hätte nach so langer Zeit ihr gegenüber nicht mehr ergehen dürfen. Sie bitte im Übrigen ihr verspätetes Vorbringen zu entschuldigen. Da sie den Bescheid erst am 5. 4. 08 erhalten habe, sei ihr Wiedereinsetzung zu gewähren.

Die Rechtsbehelfsstelle des Finanzamtes ist der Ansicht, der Einspruch von Frau Ammer sei verspätet. Einer Korrektur stehe außerdem § 173 Abs. 2 AO entgegen.

AUFGABE:

1. Wer ist Einspruchsführer? Welche verfahrensrechtliche Maßnahme hat das Finanzamt gegebenenfalls zu Beginn des Einspruchsverfahrens vorzunehmen?

2. Ist der Einspruch zulässig?

3. Ist der Einspruch begründet?

4. Kann das Finanzamt das Einspruchsverfahren gegebenenfalls durch einen Abhilfebescheid beenden?

LITERATURHINWEIS

Lehrbuch Abgabenordnung, Rdn. 356 f., 431 f., 554 f., 562–564, 772 f., 776–778, 783–785, 789, 795, 797, 842, 852

LÖSUNG

1. Nach §§ 26 Abs. 1, 26b EStG sind zusammen veranlagte Ehegatten Gesamtschuldner (§ 44 Abs. 1 AO) und können daher durch zusammengefasste Einkommensteuerbescheide in Anspruch genommen werden (§ 155 Abs. 3 Satz 1 AO). Im vorliegenden Fall hat nur Frau Ammer Einspruch eingelegt. Selbstverständlich hätte sie auch für ihren Ehemann Einspruch einlegen können, wenn sie dazu von ihrem Mann bevollmächtigt war. Auch ohne Vollmacht könnte Frau Ammer als Vertreterin ohne Vertretungsmacht einen Einspruch einlegen, den dann der Ehemann entsprechend § 177 Abs. 1 BGB, ggf. auch nach Ablauf der Rechtsbehelfsfrist, genehmigen kann. Da der Sachverhalt eine Einspruchseinlegung auch für den Ehemann nicht erkennen lässt, ist nur Frau Ammer Einspruchsführerin. Das Finanzamt kann Herrn Ammer zum Verfahren der Frau Ammer gemäß § 360 Abs. 1 AO hinzuziehen (AEAO zu § 360 Nr. 3).

2. Gegen den Einkommensteuerbescheid ist der Einspruch statthaft (§ 347 Abs. 1 Nr. 1 AO). Er entspricht den zwingenden Formerfordernissen des § 357 Abs. 1 AO, da er schriftlich eingelegt wurde und erkennbar ist, dass die Einspruchsführerin Nachprüfung begehrt. Die Monatsfrist des § 355 Abs. 1 AO ist bei unterstellter zutreffender Rechtsbehelfsbelehrung gewahrt. Da der dritte Tag nach Postaufgabe der Ostersonntag und auch der darauf folgende Montag ein Feiertag ist, gilt als Bekanntgabetag Dienstag, der 5. 4. (§§ 122 Abs. 2 Nr. 1, 108 Abs. 3 AO). Die Einspruchsfrist beginnt daher mit Ablauf des 5. 4. 08 und endet mit Ablauf des Donnerstag, 5. 5. 08 (§ 108 Abs. 1 AO, §§ 187 Abs. 1, 188 Abs. 2 BGB). Da sich der Brief am 6. 5. 08 bei Dienstbeginn im Briefkasten des Finanzamtes befand, begründet dieser Umstand die widerlegbare Vermutung, dass das Schreiben noch am 5. 5. eingeworfen worden ist.

Die Einspruchsführerin ist als Adressatin des Einkommensteuerbescheides befugt und durch die Steuerfestsetzung beschwert (§ 350 AO). Gegen den Steuerbescheid kann sie auch Einwendungen vorbringen, die nur die Einkünfte ihres Ehegatten betreffen, weil sie nach § 26b EStG auch bei ihrer Steuerfestsetzung Berücksichtigung finden.
(Siehe auch *Lehrbuch Abgabenordnung*, Rdn. 772 f., 776–778, 783–785, 789 f., 797)

3. Der Einspruch ist begründet. Im Rahmen der Gesamtaufrollung (§ 367 Abs. 2 AO) ist zu prüfen, ob das Finanzamt den Bescheid 01 noch gegenüber Frau Ammer korrigieren durfte. Die tatbestandsmäßigen Voraussetzungen einer Änderung nach § 173 Abs. 1 Nr. 1 AO lagen vor. Zweifelhaft könnte sein, ob inzwischen die Festsetzungsverjährung eingetreten war. Die Frist begann, wegen der Abgabe der Einkommensteuererklärung im Jahre 02, mit Ablauf des Jahres 02 (§ 170 Abs. 2 Nr. 1 AO) und endete grundsätzlich mit Ablauf des Jahres 06 (§ 169 Abs. 2 Nr. 2 AO). Da Herr Ammer allerdings leichtfertige Steuerverkürzung begangen hatte (§ 378 AO), endete die Frist erst mit Ablauf 07 (§ 169 Abs. 2 Satz 2 AO); allerdings nur soweit die leichtfertige Steuerverkürzung reichte. Diese 5-jährige Frist gilt auch für Frau Ammer, da ihr die Vorteile der leichtfertigen Verkürzung zugute kamen (§ 169 Abs. 2 Satz 3 AO).

Die Prüfung war wegen Erkrankung des Prüfers mehr als 6 Monate unterbrochen (§ 171 Abs. 4 Satz 2 AO). In der Wiederaufnahme der Prüfung durch den Prüfer im Oktober 07 ist der Beginn einer Außenprüfung i. S. v. § 171 Abs. 4 AO zu sehen. Die Wirkung des § 171 Abs. 4 AO tritt aber nur gegenüber dem Steuerpflichtigen ein, der Adressat der Prüfungsanordnung ist. Da nur der Ehemann Inhaber des Betriebes ist, konnte die Prüfungsanordnung nach § 193 Abs. 1 AO auch nur ihn und nicht seine Ehefrau betreffen. Da der Eintritt der Festsetzungsverjährung für jeden Ehegatten gesondert zu prüfen ist, kann die Ablaufhemmung nach § 171 Abs. 4 Frau Ammer nicht zugerechnet werden (BFH vom 25. 4. 2006 X R 42/05, BStBl II 2007, 220). Die Festsetzungsverjährung für die Einkommensteuer 01 ist für sie mit Ablauf des Kalenderjahres 07 eingetreten. Eine Korrektur nach § 173 AO war daher nicht mehr möglich (§ 169 Abs. 1 Satz 1 AO). Das Finanzamt durfte daher am 31. 3. 08 den Bescheid für Frau Ammer nicht ändern.

Das Finanzamt wird daher unter Änderung des Steuerbescheides vom 31. 3. 08 die Steuer wieder auf 20 000 € herabsetzen.
(Siehe auch Lehrbuch Abgabenordnung, Rdn. 356 f., 554 f., 562–564)

4. Das Einspruchsverfahren kann durch einen Abhilfebescheid (§ 172 Abs. 1 Nr. 2 Buchst. a AO) ohne Erlass einer förmlichen Einspruchsentscheidung (§§ 367 Abs. 1 Satz 1, 366 AO) beendet werden, da das Finanzamt dem Antrag der Einspruchsführerin in vollem Umfang stattgeben muss.
(Siehe auch *Lehrbuch Abgabenordnung*, Rdn. 852)

Einspruchsverfahren, Beschwer, Befugnis

FALL 32

Sachverhalt: Alois Bertl hat gewerbliche Einkünfte aus einer Bauschreinerei, Einkünfte aus Vermietung und Verpachtung mehrerer Wohnhäuser sowie Zinserträge aus privaten Bankkonten. In seiner Steuererklärung für das Jahr 05 erklärte er einen gewerblichen Verlust aus der Schreinerei von 860 000 €, Einkünfte aus Vermietung und Verpachtung in Höhe von 40 000 €, sowie Einkünfte aus Kapitalvermögen von 10 000 €. Im Rahmen seiner Ermittlungen kam das Finanzamt zu dem Ergebnis, dass die Wertberichtigungen auf die betrieblichen Forderungen des Bertl um 40 000 € zu hoch waren. Außerdem kam das Finanzamt zur Überzeugung, dass Zinsen in Höhe von 20 000 € im Gegensatz zur Steuererklärung nicht im Bereich des Gewerbebetriebes, sondern bei den Einkünften aus Kapitalvermögen angefallen waren. Unter Berücksichtigung dieser Ermittlungsergebnisse kam das Finanzamt zu einem Verlust aus Gewerbebetrieb in Höhe von 800 000 €. Zusammen mit den Einkünften aus Vermietung und Verpachtung von 20 000 € und den Zinseinkünften von 10 000 € ergab sich ein Gesamtbetrag der Einkünfte von ./. 730 000 €. Ohne sich noch mit Bertl in Verbindung zu setzen, setzte das Finanzamt die Steuer 05 auf 0 € fest und gab den Steuerbescheid am 7. 1. 06 zur Post. In die Erläuterungsspalte fügte es den Vermerk ein, dass die Wertberichtigung um 40 000 € gekürzt, sowie die als Betriebsausgaben geltend gemachten Zinsen in voller Höhe als Werbungskosten bei den Einkünften aus Vermietung und Verpachtung berücksichtigt worden seien.

Fünf Tage später legte Alois Bertl schriftlich Einspruch gegen den Steuerbescheid ein. Er trug vor, das Finanzamt habe die Wertberichtigungen rechtsfehlerhaft gekürzt, er habe jahrelange entsprechende Erfahrungswerte hinsichtlich der Forderungsausfälle seines Betriebes. Die geltend gemachten Zinsen seien als Betriebsausgaben zu berücksichtigen, denn die Hypothek, die er auf seine Häuser aufgenommen habe, diene der Sicherung eines betrieblichen Kredites.

Am 25. 4. 07 erhält Bertl den Einkommensteuerbescheid für 06 mit einer festgesetzten Steuer von 23 000 €. Dieser steht unter Vorbehalt der Nachprüfung (§ 164 Abs. 1 AO). Bertl legt rechtzeitig Einspruch ein, wendet sich aber nicht gegen die Höhe der Steuer, sondern nur gegen die Festsetzung unter Vorbehalt.

AUFGABE:

1. Ist der Einspruch des Bertl gegen den Bescheid für 05 zulässig?

2. Hat das Finanzamt das rechtliche Gehör verletzt?
   Welche Rechtsfolgen können sich aus Rechtsverletzungen dieser Art ergeben?

3. Ist Bertls Einspruch gegen den Bescheid für 06 zulässig?

LITERATURHINWEIS

Lehrbuch Abgabenordnung, Rdn. 161, 296 f., 789, 790

LÖSUNG

1. Der statthafte Einspruch von Alois Bertl (§ 347 Abs. 1 Nr. 1 AO) ist offensichtlich form- und fristgerecht. Zweifelhaft ist das Vorliegen einer Beschwer nach § 350 AO. Grundsätzlich kann sich die Beschwer für den Betroffenen nur aus dem Tenor des Verwaltungsaktes (der Regelung), nicht aus den Besteuerungsgrundlagen (vgl. § 157 Abs. 2 AO) ergeben. Daraus folgt, dass eine Beschwer grundsätzlich nur vorliegen kann, wenn der Vortrag des Betroffenen, materiell-rechtlich als richtig unterstellt, zu einem anderen Tenor führt.

   Im vorliegenden Sachverhalt ist es unerheblich, ob die Zinsen als Betriebsausgaben (§ 4 Abs. 4 EStG) bei den Einkünften aus Gewerbebetrieb oder als Werbungskosten (§ 9 Abs. 1 Nr. 1 EStG) bei den Einkünften aus Vermietung und Verpachtung berücksichtigt werden. Der Tenor des Steuerbescheides, nämlich die Höhe der Steuerschuld, bleibt davon unberührt. Dasselbe gilt für die Frage der Wertberichtigung. Auch wenn die Wertberichtigung um 40 000 € erhöht würde, läge weiter ein Freistellungsbescheid i. S. v. § 155 Abs. 1 Satz 3 AO vor, d. h. die Steuer würde 0 € betragen. Die Möglichkeit des Verlustabzuges nach § 10d EStG ändert an diesem Ergebnis nichts. Nach § 10d Abs. 1 und 2 EStG können Verluste, die bei der Ermittlung des Gesamtbetrages der Einkünfte nicht ausgeglichen werden können, unter den dort genannten Voraussetzungen zurück- bzw. vorgetragen werden. Dabei ist nach § 10d Abs. 4 EStG der am Schluss eines Veranlagungszeitraumes verbleibende Verlustabzug gesondert festzustellen. Kommt Bertl zu der Auffassung, dass der verbleibende Verlustabzug vom Finanzamt zu niedrig festgestellt worden ist, kann er die Feststellung mit dem Rechtsbehelf des Einspruches anfechten (§ 347 Abs. 1 Nr. 1 AO). In diesem Falle wäre er beschwert und einspruchsbefugt (§ 350 AO).

2. Nach § 91 Abs. 1 Satz 1 AO soll dem Steuerpflichtigen vor Erlass des Steuerverwaltungsaktes rechtliches Gehör gewährt werden. Der Vermerk in der Erläuterungsspalte des Einkommensteuerbescheides kann das fehlende rechtliche Gehör nicht ersetzen.

Da der verbleibende Verlustabzug durch einen Feststellungsbescheid gesondert festzustellen ist (§ 10d Abs. 4 EStG), muss das rechtliche Gehör vor Erlass dieses Bescheides gewährt werden. Geschieht dies nicht, so ist der Feststellungsbescheid wegen eines Verfahrensfehlers rechtswidrig.

Würde das Finanzamt seine Rechtsauffassung im Feststellungsbescheid erläutern, so wäre der Rechtsfehler mit Bekanntgabe dieses Bescheides geheilt (§ 126 Abs. 1 Nr. 3 und Abs. 2 AO).

Zu beachten ist, dass die Verletzung des rechtlichen Gehörs im Einzelfall bei Versäumung der Einspruchsfrist (§ 355 Abs. 1 AO) zur Wiedereinsetzung in den vorigen Stand führen kann, wenn die Verletzung ursächlich für die Säumnis war (§§ 126 Abs. 3, 110 Abs. 1 AO). An der Ursächlichkeit fehlt es allerdings, wenn das Finanzamt die Abweichung von der Erklärung in den Erläuterungen zum Verwaltungsakt dargestellt hat (BFH v. 13. 12. 1984 VIII R 19/81, BStBl II 1985, 601 und BFH v. 16. 9. 1986 II R 175/84, BStBl II 1986, 908).

3. Ausnahmsweise kann eine Beschwer bei Steuerbescheiden auch vorliegen, wenn der Einspruchsführer nicht die Höhe der Steuer angreift, sondern sich gegen eine verfahrensrechtliche Schlechterstellung wendet. Dies ist z. B. der Fall, wenn der Bescheid einen Vorbehalt der Nachprüfung (§ 164 AO) oder einen Vorläufigkeitsvermerk (§ 165 AO) enthält. Da solche Bescheide ohne Weiteres geändert werden könnten (vgl. §§ 164 Abs. 2, 165 Abs. 2 Satz 2 AO), liegt in der denkbaren Verböserung eine Beschwer i. S. v. § 350 AO. Der Einspruch muss sich gegen die Steuerfestsetzung mit der Nebenbestimmung richten.

Einspruchsverfahren, Beschwer, Befugnis, Hinzuziehung

FALL 33

Sachverhalt: Stefan Arnold und Lutz Briegel sind Komplementäre, Julian Cäsar und Fritz Denk Kommanditisten der Arnold-Kommanditgesellschaft. Laut Gesellschaftsvertrag waren die Gesellschafter zu je 1/4 am Gewinn oder Verlust der Gesellschaft beteiligt. Am 1. 6. 05 beschlossen die Gesellschafter eine Änderung des Gesellschaftsvertrages mit Wirkung zum 1. 1. 05. Danach sollten ab 1. 1. 05 Arnold und Briegel mit je 1/3, Cäsar mit 1/4 und Denk mit 1/12 am Gewinn der Gesellschaft beteiligt sein. In der Feststellungserklärung der Gesellschaft für das Jahr 05 erklärte die KG einen Gewinn von 600 000 €, der entsprechend der Gewinnverteilungsabrede vom 1. 6. 05 verteilt werden sollte. Das Finanzamt stellte fest, dass der bis zum 31. 5. 05 erwirtschaftete Gewinn 240 000 € betragen hatte. Es verteilte den Gewinn in Höhe von 240 000 € nach dem alten, und den restlichen Gewinn von 360 000 € nach dem neuen Gewinnverteilungsschlüssel.

1. Wer ist von dem Feststellungsbescheid betroffen?

2. An wen ist der Feststellungsbescheid zu adressieren?

3. An wen ist der Feststellungsbescheid bekannt zu geben?

4. Wer ist durch den Feststellungsbescheid beschwert?

5. Wer ist befugt, gegen den Feststellungsbescheid Einspruch einzulegen?

6. Welche verfahrensrechtlichen Maßnahmen hat das Finanzamt zu treffen,

   a) wenn nur Fritz Denk Einspruch einlegt,

   b) wenn Stefan Arnold für die Gesellschaft und Fritz Denk für sich Einspruch einlegt?

7. Kann Lutz Briegel den von Arnold eingelegten Einspruch zurücknehmen?

8. Wie lautet der zutreffende Tenor des Feststellungsbescheides?

Lehrbuch Abgabenordnung, Rdn. 254, 256–259, 268, 799–803, 810 f., 839–841, 844–847

1. Von Feststellungsbescheiden werden die Feststellungsbeteiligten als Inhaltsadressaten betroffen (vgl. §§ 179 Abs. 2, 182 Abs. 1 AO). Da der Gewinn der Gesellschaft den Gesellschaftern in Höhe ihres Anteils bei der Einkommensbesteuerung zuzurechnen ist (§ 15 Abs. 1 Nr. 2 EStG), sind die Gesellschafter der KG Adressaten des Feststellungsbescheides. Nicht betroffen ist die KG.

2. Diese Gesellschafter müssen im Feststellungsbescheid eindeutig bezeichnet sein, damit der Bescheid ihnen gegenüber wirksam werden kann (§§ 119 Abs. 1, 125 Abs. 1, 124 Abs. 3 AO). Da sich die Beteiligten aus der Gewinnverteilung eindeutig ergeben, liegt eine zutreffende Adressierung vor (vgl. auch AEAO zu § 122 Nr. 2.5.1).

3. Bei der Übermittlung zur wirksamen Bekanntgabe (§§ 122, 124 Abs. 1 AO) ist bei einheitlichen Feststellungsbescheiden § 183 AO zu beachten. Einen gemeinsamen Empfangsbevollmächtigten i. S. v. § 183 Abs. 1 Satz 1 AO haben die Beteiligten nicht benannt. Damit gelten die Komplementäre Arnold und Briegel, die nach handelsrechtlichen Vorschriften zur Vertretung der Gesellschaft befugt sind, als Empfangsbevollmächtigte (§ 183 Abs. 1 Satz 2 AO, §§ 170, 161 Abs. 2, 125 HGB). Bei mehreren Empfangsbevollmächtigten kann das Finanzamt unter entsprechender Anwendung des § 6 Abs. 3 VwZG den Feststellungsbescheid an einen übermitteln. In jedem Fall ist aber darauf hinzuweisen, dass die Bekanntgabe mit Wirkung für und gegen alle Beteiligten erfolgt (§ 183 Abs. 1 Satz 5 AO). Fehlt dieser Hinweis, so wird der Bescheid nur demjenigen Feststellungsbeteiligten gegenüber wirksam, der den Bescheid tatsächlich erhalten hat.

4. Durch den Feststellungsbescheid sind grundsätzlich und ausschließlich alle ordnungsgemäß bezeichneten Gesellschafter beschwert, weil ihnen gegenüber als Adressaten die Feststellungen mit Bindungswirkung ergehen (§ 182 Abs. 1 AO).

5. Die Einspruchsbefugnis richtet sich nach § 352 AO. Danach sind grundsätzlich zur Vertretung berufene Geschäftsführer nach § 352 Abs. 1 Nr. 1 Alt. 1 AO befugt. Einspruchsführerin ist allerdings die Gesellschaft, hier die KG, als sogenannte „Verfahrensstandschafterin". Sie macht im Verfahren die Rechte der von der Feststellung betroffenen Gesellschafter geltend und wird dabei vertreten durch die vertretungsbefugten Gesellschafter (vgl. auch BFH v. 31. 1. 1992 VIII B 33/90, BStBl II 1992, 559).

Zur Vertretung befugte Gesellschafter sind bei der Kommanditgesellschaft die Komplementäre Arnold und Briegel (vgl. §§ 170, 164, 161 Abs. 2, 125, 114 HGB). Da über eine Gesamtvertretungsbefugnis im Sachverhalt nichts ausgesagt ist, ist jeder Komplementär alleine befugt.

Außerdem besteht hier auch eine Befugnis nach § 352 Abs. 1 Nr. 4 AO, da mit dem Finanzamt ein Streit darüber besteht, wie der Gewinn zu verteilen ist. Betroffen von dieser Streitfrage sind Arnold, Briegel und Denk. Keine Befugnis hat dagegen Cäsar, da sein Gewinnanteil von dem Streit nicht betroffen ist.

Denkbar wären hier vier Einsprüche, nämlich der durch die Kommanditgesellschaft, vertreten durch Arnold oder Briegel (§ 352 Abs. 1 Nr. 1 AO) und je einer durch Arnold, Briegel und Denk, die für sich selbst nach § 352 Abs. 1 Nr. 4 AO handeln.

6.

a) Legt nur Fritz Denk einen zulässigen Einspruch ein, sind zu diesem Verfahren alle diejenigen notwendig hinzuzuziehen, die selbst einspruchsbefugt sind, aber keinen Einspruch eingelegt haben. Zuzuziehen wären demnach die KG, vertreten durch Arnold **oder** Briegel, da keine Gesamtvertretungsbefugnis vorliegt (§§ 360 Abs. 3, 352 Abs. 1 Nr. 1 Alt. 1 AO). Daneben wären zuzuziehen Arnold **und** Briegel für sich selbst (§§ 360 Abs. 3, 352 Abs. 1 Nr. 4 AO). Keine Zuziehung käme für Cäsar in Betracht, da dieser nicht einspruchsbefugt ist (§ 360 Abs. 3 Satz 2 AO).

Da nur Denk Einspruch eingelegt hat, ist zu beachten, dass die Wiederaufrollung im Einspruchsverfahren (§ 367 Abs. 2 AO) nur so weit reicht wie die Befugnis des Denk. Sie umfasst daher nur die Frage der Gewinnverteilung (BFH v. 28. 11. 1989 VIII R 40/84, BStBl II 1990, 561).

b) Legen die KG, vertreten durch Stefan Arnold, und Fritz Denk für sich Einspruch ein (§ 352 Abs. 1 Nr. 1 Alt. 1 und Nr. 4 AO), wird das Finanzamt in analoger Anwendung des § 73 FGO die beiden Verfahren miteinander verbinden. Eine wechselseitige Hinzuziehung (§ 360 Abs. 3 AO) entfällt in diesem Fall.

Da Arnold für die KG eine umfassende Befugnis hat, erstreckt sich die Wiederaufrollung auf den gesamten Feststellungsbescheid (§§ 352 Abs. 1 Nr. 1, 367 Abs. 2 AO). Es kann also neben der Gewinnverteilung auch über die Höhe des Gesamtgewinnes usw. gestritten werden (BFH v. 28. 11. 1989 VIII R 40/84, a. a. O.)

7. Hat Arnold für sich selbst Einspruch eingelegt (§ 352 Abs. 1 Nr. 4 AO), kann Briegel diesen Einspruch nicht gemäß § 362 AO zurücknehmen, da er nicht Rechtsbehelfsführer ist.

   Hat Arnold den Einspruch allerdings für die Gesellschaft eingelegt (§ 352 Abs. 1 Nr. 1 AO), so kann Briegel als geschäftsführungs- und vertretungsbefugter Gesellschafter diesen Einspruch gem. § 362 AO auch gegen den Willen des Arnold zurücknehmen. Nach ständiger Rechtsprechung des Bundesfinanzhofes wird Arnold in diesem Falle so behandelt, als habe er auch für sich selbst Einspruch eingelegt. Dies hat zur Folge, dass, falls Briegel den Einspruch Arnolds für die Gesellschaft zurücknimmt, die Kommanditgesellschaft wieder notwendig zum Verfahren des Arnold hinzugezogen werden muss (§§ 360 Abs. 3, 352 Abs. 1 Nr. 1 AO).

8. Die rückwirkende Änderung der Gewinnverteilungsabrede vom 30. 6. 05 war nicht möglich. Die Abrede hat nur für die Zukunft Wirkung (BFH v. 7. 7. 1983 IV R 209/80, BStBl II 1984, 53). Der bis zum 31. 5. 05 erwirtschaftete Gewinn von 240 000 € wird mit je 1/4 auf die Gesellschafter verteilt. Der vom 1. 6. bis 31. 12. 05 erwirtschaftete Gewinn von 360 000 € wird nach dem neuen Schlüssel verteilt. Der zutreffende Tenor des Feststellungsbescheides muss lauten: Der Gewinn der Arnold Kommanditgesellschaft für das Jahr 05 beträgt 600 000 €, davon entfallen auf Stefan Arnold und Lutz Briegel je 180 000 €, auf Julian Cäsar 150 000 €, sowie auf Fritz Denk 90 000 €.

Einspruchsverfahren, Empfangsvollmacht, Befugnis; Einspruch gegen Änderungsbescheid

FALL 34

Sachverhalt: Die Geschwister Anton, Berta und Claus Wild sind Miteigentümer eines vermieteten Mehrfamilienhauses in Regensburg, das von Berta verwaltet wird. Sie hat daher von ihren Brüdern eine entsprechende Geschäftsführungs- und Vertretungsbefugnis erhalten.

Für die steuerlichen Angelegenheiten der Geschwister war jedoch Claus Wild zuständig. In den die Einkünfte aus der Immobilie betreffenden Feststellungserklärungen, deren Abgabe jeweils im Folgejahr erfolgte, war er immer als Empfangsbevollmächtigter genannt.

Nachdem Anton Wild als Steuerberater seine eigene Kanzlei eröffnet hatte, übernahm er auch die steuerliche Beratung seiner Geschwister einschließend die Einkünfte aus dem vermieteten Mehrfamilienhaus. Er ließ sich entsprechende Vollmachten ausstellen, um alle das Verwaltungsverfahren betreffenden Verfahrenshandlungen vornehmen zu dürfen.

Er gab auch die gesonderte und einheitliche Feststellungserklärung bzgl. der Einkünfte aus Vermietung und Verpachtung des Jahres 03 ab. In den dafür vorgesehenen Zeilen des Erklärungsvordrucks zur Empfangsvollmacht trug er nach dem Willen der Geschwister seinen Namen ein.

Der Erklärungsvordruck enthielt dazu folgenden Hinweis:

„Die erteilte Vollmacht wirkt auch für künftige Feststellungszeiträume. Dies gilt nicht, falls diese Empfangsvollmacht gegenüber dem Finanzamt widerrufen, in der Feststellungserklärung für ein Folgejahr eine anderweitige Empfangsvollmacht erteilt wird oder dem Finanzamt eine auf einen anderen Empfänger lautende allgemeine, jahrgangsneutrale Vollmacht vorliegt."

Im Februar 05 änderte das Finanzamt den Feststellungsbescheid **01** vom 30. 1. 03 für die Geschwister Wild und erhöhte den Überschuss aus Vermietung und Verpachtung von 32 400 € um 4 340 € auf 36 740 €. Zur Begründung war ausgeführt:

„Durch Kontrollmitteilung wurde bekannt, dass für erforderliche Reparaturaufwendungen an der Immobilie ein Darlehen beim Großvater aufgenommen wurde. Nach Prüfung der vorliegenden Unterlagen ist kein durchgängiger Nachweis erbracht, dass die Zinsen zum Fälligkeitszeitpunkt tatsächlich entrichtet wurden. Die geltend gemachten Zinsaufwendungen sind daher nur teilweise als Werbungskosten anzuerkennen. Korrekturvorschrift: § 173 AO."

Der am 29. 2. 05 zur Post gegebene Änderungsbescheid war gerichtet an Anton Wild unter der Anschrift seiner Kanzlei als Empfangsbevollmächtigten für die Miteigentümer Wild. Er enthielt den geänderten Überschuss aus Vermietung und Verpachtung sowie die zutreffende gleichmäßige Verteilung auf Anton, Berta und Claus Wild.

Nachdem sich Anton Wild zu Vertragsverhandlungen in den USA aufhielt und erst Mitte April zurückerwartet wurde, leitete die Sekretärin von Anton den Änderungsbescheid 01 vom 29. 2. 05 zur weiteren Veranlassung an Claus Wild weiter.

Am 7. 4. 05 (Montag) erhielt das zuständige Finanzamt ein Schreiben von Claus Wild, in dem dieser darauf hinwies, dass sein Bruder Anton derzeit nicht erreichbar sei und daher er gegen die Änderung auch im Namen seiner Geschwister protestiere.

Der Bescheid 01 sei fehlerhaft, weil er an ihn hätte gerichtet werden müssen, da Anton Wild erst für Bescheide ab dem Jahr 03 zuständig sei. Außerdem seien die Zinsen im ursprünglichen Bescheid als Werbungskosten anerkannt worden, eine Änderung daher nicht möglich.

Nach erneuter Überprüfung des Darlehensvertrages kommt das Finanzamt zu dem Ergebnis, dass die vereinbarten Zinsen jedenfalls für das Jahr 01 mangels tatsächlicher Entrichtung **insgesamt** nicht anerkannt werden können. Der Überschuss für das Jahr 01 beträgt daher zutreffend 41 820 €.

Außerdem ermittelt das Finanzamt, dass der geänderte Feststellungsbescheid 01 vom 29. 2. 05 nach Aussage der Sekretärin von Anton Wild am 5.3.05 in der Kanzlei eingegangen ist. Ein Fristenkontrollbuch kann nicht vorgelegt werden, weil in der Kanzlei nur eine Fristenmappe geführt wird. Der Eingangstag kann aber vom Postboten bestätigt werden.

AUFGABE:

1. Erfüllt das Schreiben von Claus Wild an das Finanzamt die Zulässigkeitsvoraussetzungen für einen Einspruch? Wogegen richtet er sich?

2. Wäre dieser Einspruch begründet?

3. Müsste das Finanzamt jemanden am Verfahren beteiligen?

4. Wie müsste das Finanzamt über den Einspruch entscheiden?

5. Könnte eine Änderung des Feststellungsbescheides 01 vom 29.02.05 auf 41.820 € vermieden werden?

LITERATURHINWEIS

Lehrbuch Abgabenordnung, Rdn. 250, 264 f., 268–270, 308, 343, 350–357, 544–553, 772, 776, 783–788, 799, 805, 813, 844, 849, 855

LÖSUNG

1. Der Einspruch kann nur zulässig sein, wenn er sich gegen den geänderten Feststellungs-bescheid 01 vom 29.2.05 richtet, da für den ursprünglichen Bescheid vom 30.1.03 bei Eingang des Schreibens bereits die Einspruchsfrist abgelaufen war (§ 355 AO).

Der Einspruch gegen den geänderten Bescheid als Verwaltungsakt ist **statthaft** (§ 347 Abs. 1 Nr. 1 und Abs. 2, § 118 AO).

Er entspricht den zwingenden **Form**erfordernissen des § 357 Abs. 1 AO, da er schriftlich eingelegt wurde, der Einspruchsführer und aus der Formulierung der Überprüfungswille erkennbar sind. Die fehlende Bezeichnung als Einspruch ist unschädlich.

Die Einspruchs**frist** beträgt einen Monat, da der geänderte Bescheid eine ordnungsgemäße Rechtsbehelfsbelehrung enthält.

Der geänderte Bescheid ist inhaltlich hinreichend bestimmt, da er sowohl den Gegenstand der Feststellung ausreichend bezeichnet, als auch die von der Feststellung betroffenen Adressaten (§ 119 Abs. 1, § 179 Abs. 1 und 2, § 180 Abs. 1 Nr. 2a AO).

Er wird daher grundsätzlich durch Übermittlung an die betroffenen Feststellungsbeteiligten wirksam (§ 124 Abs. 1, § 122 Abs. 1 Satz 1 AO).

Vorliegend war wegen der Empfangsvollmacht nach § 183 Abs. 1 Satz 1 AO der Bescheid zwingend an Anton Wild zu übermitteln (§ 122 Abs. 1 Satz 3 AO).

Zwar hatte ursprünglich Claus Wild eine Empfangsvollmacht nach § 183 Abs. 1 Satz 1 AO. Mit der Anzeige der Bestellung des Anton Wild zum Empfangsbevollmächtigten wurde aber die Vollmacht des Claus Wild, wenn auch nicht ausdrücklich, so doch konkludent, widerrufen.

Die Vollmacht des Anton Wild beschränkt sich auch nicht auf den Feststellungszeitraum 03, sondern gilt ab Bestellung für alle künftigen Verwaltungsakte für die Geschwister als Gemeinschafter, auch wenn sie zurückliegende Zeiträume betreffen, aber erst nach Bestellung der Empfangsvollmacht bekannt gegeben werden.

Die Erläuterungen im Erklärungsvordruck enthalten keine Aussage, welche Wirkung die Erteilung für Verfahrenszeiträume hat, die die Vergangenheit betreffen.

Mit Übermittlung an Anton Wild konnte der geänderte Bescheid daher wirksam werden.

Bekanntgabetag war der 5.3.05, da erst an diesem Tag der Bescheid in den Machtbereich des Anton Wild (Kanzlei) gelangt ist. Die Zugangsfiktion des § 122 Abs. 2 Nr. 1 AO greift nicht, wenn der Verwaltungsakt tatsächlich zu einem späteren Zeitpunkt zugegangen ist. Hierfür bedarf es der Darstellung eines Geschehensablaufs, nach der die Abweichung von der Dreitagesfiktion als wahrscheinlich erscheint. Dies ist nach den Schilderungen der Sekretärin anzunehmen.

Wenn die Behörde diesen Geschehensablauf bezweifelt, muss sie den früheren Zugang nachweisen. Ausreichend ist dabei nicht, dass die Kanzlei kein Fristenkontrollbuch führt. Darin liegt zwar ein Organisationsmangel, der bei einer Frist**versäumung** eine Wiedereinsetzung verhindert; für einen **Zugangs**nachweis reicht dieser Umstand jedoch nicht aus.

Die Einspruchsfrist, die mit Ablauf des 5. 3. 05 begann, endete mit Ablauf des 7. 4. 05, da das rechnerische Fristende auf einen Samstag fällt (§ 108 Abs. 3 AO, §§ 187, 188 BGB). Der Eingang des Schreibens am 7. 4. 05 beim zuständigen Finanzamt wahrte daher die Einspruchsfrist (§ 357 Abs. 2 Satz 1 AO).

Zwar handelte es sich um ein Schreiben des Claus Wild, der keine Verfahrensvollmacht für die Einspruchseinlegung hat. Er ist aber als Vertreter ohne Vertretungsmacht nach § 177 BGB analog zu behandeln, so dass die Einlegung des Einspruchs mit rückwirkender Genehmigung des Vertretenen als innerhalb der Einspruchsfrist eingelegt gilt (§ 184 BGB analog).

Die **Befugnis** zur Einlegung des Einspruchs ist bei gesonderten und einheitlichen Feststellungsbescheiden nicht jedem Feststellungsbeteiligten gestattet.

Bei der Eigentümergemeinschaft der Geschwister handelt es sich um eine bloße Rechtsgemeinschaft und nicht um eine GbR, die nach dem Gesetz keinen zur Vertretung berufenen Geschäftsführer hat. Allerdings wurde Berta Wild vertraglich von den übrigen Miteigentümern Geschäftsführungs- und Vertretungsbefugnis für die Gemeinschaft übertragen, so dass alleine sie nach § 352 Abs. 1 Nr. 1 Alt. 1 AO zur Einlegung des Einspruchs befugt ist.

Einspruchsführer ist die Gemeinschaft, welche – vertreten durch Berta Wild – als Verfahrensstandschafter die Interessen der Gemeinschafter wahrnimmt. Für Berta Wild tritt Anton Wild auf.

Claus Wild ist nicht einspruchsbefugt, da ihm die Geschäftsführungs- und Vertretungsbefugnis fehlt. Er handelt insoweit nur als Vertreter ohne Vertretungsmacht.

Die Gemeinschaft als Einspruchsführerin macht die Beschwer der Beteiligten geltend (§ 350 AO), die in der Bindungswirkung des Feststellungsbescheides für die Beteiligten liegt (§ 182 Abs. 1 Satz 1 AO).

Der Einspruch ist zulässig.

2. Der Einspruch ist begründet, wenn der geänderte Feststellungsbescheid rechtswidrig ist und der Einspruchsführer hierdurch in seinen Rechten verletzt ist.

Es findet eine umfassende Überprüfung nach § 367 Abs. 2 AO statt, die keiner Einschränkung unterliegt, da die Einspruchsbefugnis nach § 352 Abs. 1 Nr. 1 Alt. 1 AO unbeschränkt ist.

Die Neuentscheidung ist jedoch gemäß § 351 Abs. 1 AO beschränkt, weil der Änderungsbescheid bekannt gegeben wurde, als der ursprüngliche Bescheid bereits unanfechtbar war.

Die materiellrechtliche Prüfung ist daher grundsätzlich auf den Änderungsbescheid beschränkt, dies jedoch in vollem Umfang. Damit ist es der Behörde im Einspruchsverfahren auch gestattet, zu überprüfen, ob die auf § 173 Abs. 1 Nr. 1 AO gestützte Änderung, so wie sie erfolgte, rechtmäßig war.

Nach dem Sachverhalt wurde erst im Rahmen von Kontrollmaterial der Behörde bekannt, dass es sich bei dem Darlehensvertrag um einen unter Angehörigen gehandelt hat und die vereinbarten Zinsen tatsächlich nicht entrichtet wurden.

Es liegen daher Tatsachen vor, die zu einem höheren Überschuss führen und die der Behörde erst nach Abschluss der ursprünglichen Feststellung bekannt wurden (AEAO zu § 173 Nr. 10.1).

Die Behörde hatte daher die rechtliche Grundlage zur Erhöhung des Überschusses um 9 420 €; die Feststellungsverjährung stand dem nicht entgegen (§ 181 Abs. 1 Satz 1, § 169 Abs. 1 Satz 1 AO). Wegen der Verpflichtung zur Erklärungsabgabe endete sie erst mit Ablauf des Kalenderjahres 06 (§ 170 Abs. 2 Nr. 1, § 149 Abs. 1 Satz 1, § 181 Abs. 1 Satz 2, Abs. 2 Satz 2 Nr. 1, § 169 Abs. 2 Satz 1 Nr. 2 AO).

Tatsächlich änderte die Behörde den ursprünglichen Feststellungsbescheid nur zum Teil und blieb daher hinter der durch die Korrekturvorschrift möglichen Änderung zurück. Im Einspruchsverfahren gegen den Änderungsbescheid kann sie aber im Änderungsbescheid gemachte Fehler überprüfen und diese beseitigen, selbst wenn sich dabei eine Verböserung gegenüber dem Änderungsbescheid ergibt, denn dieser unterliegt der Gesamtaufrollung.

Der Einspruch wäre unbegründet.

3. Eine notwendige Hinzuziehung nach § 360 Abs. 3 AO ist nicht vorzunehmen, weil die Gemeinschafter Anton und Claus Wild keine eigene Einspruchsbefugnis nach § 352 AO besitzen.

4. Das Finanzamt müsste zum einen die entsprechende Zustimmung nach § 184 BGB von Berta bzw. Anton Wild als für sie auftretend, verlangen. Sie kann auch noch nach Ablauf der Einspruchsfrist vorgelegt werden und damit die Zulässigkeit des Einspruchs herbeiführen. Zum anderen muss vor einer verbösernden Entscheidung rechtliches Gehör nach § 367 Abs. 2 Satz 2 AO gewährt werden.

Ist der Einspruchsführer mit der Entscheidung nicht einverstanden, muss eine förmliche Einspruchsentscheidung ergehen (§§ 366, 367 Abs. 1 Satz 1 AO), deren Tenor lauten würde:

Der Überschuss aus Vermietung und Verpachtung wird auf 41 820 € festgestellt und auf die Feststellungsbeteiligten Anton, Berta und Claus Wild zu jeweils 13 940 € verteilt.

5. Wenn der Einspruch zurückgenommen wird, ist das Einspruchsverfahren beendet und der geänderte Feststellungsbescheid bestandskräftig.

Eine Korrektur dieses materiell fehlerhaften Bescheides außerhalb des Einspruchsverfahrens würde eine Korrekturvorschrift voraussetzen:

§ 129 AO kommt nicht zur Anwendung, weil das Finanzamt den bekannten Sachverhalt einer fehlerhaften Prüfung unterzogen hat und damit kein mechanisches Versehen vorliegt.

§ 172 Abs. 1 Nr. 2a AO scheitert, weil die Feststellungsbeteiligten einer Erhöhung des Überschusses nicht zustimmen werden.

§ 173 Abs. 1 Nr. 1 AO scheitert, weil dem Finanzamt alle Tatsachen bereits bei Erlass des Änderungsbescheides vorgelegen haben und diese daher nicht mehr neu sind.

Andere Korrekturvorschriften sind nicht einschlägig.

Durch die Rücknahme des Einspruchs nach § 362 AO lässt sich eine Feststellung auf den zutreffenden Überschuss vermeiden, es bleibt bei dem fehlerhaften Änderungsbescheid vom 29. 3. 05.

Einspruchsverfahren, wirtschaftliche Betrachtung, Bekanntgabe, Nichtigkeit

FALL 35

Sachverhalt: Eberhard Schief erbte von seinem Vater eine Apotheke. Da er selbst kein Apotheker war, schloss er mit dem approbierten Apotheker Alfred Apel folgende Verträge:

▶ **Vertrag über die Errichtung einer „typischen stillen Gesellschaft":**

Danach beteiligte sich Schief auf 10 Jahre mit einer Vermögenseinlage als stiller Gesellschafter an der von Apel betriebenen Apotheke. Die Einlage bestand vor allem aus den Warenvorräten. Apel war allein für die Gesellschaft geschäftsführungs- und vertretungsbefugt. Er erhielt vorab eine Tätigkeitsvergütung. Schief durfte alle Geschäftspapiere und Geschäftsbücher einsehen und kontrollieren und erhielt vorab eine Verzinsung in Höhe von 10 % des Wertes der Einlage. Der Restgewinn (ggf. der Verlust) sollte hälftig zwischen Schief und Apel verteilt werden. Bei Auflösung der Gesellschaft waren beide Vertragsbeteiligten zur Hälfte am Gewinn bzw. Verlust beteiligt. Der Geschäftswert sollte in diesem Fall Schief alleine zustehen.

▶ **Mietvertrag:**

Schief vermietete die Räume, in der die Apotheke betrieben wurde, für monatlich 3 000 € sowie die Einrichtungsgegenstände für monatlich 800 € an Apel. Die Vertragsdauer war angeglichen an die Dauer des Gesellschaftsvertrages.

▶ **Mitarbeitervertrag:**

Schief war in der Apotheke als freier Mitarbeiter tätig. Er hatte alle kaufmännischen Arbeiten durchzuführen und zu überwachen und erhielt dafür eine Tätigkeitsvergütung, die angeglichen war an die Tätigkeitsvergütung des Apel. Eine Kündigung dieses Vertrages war nur aus wichtigem Grunde möglich. Der Vertrag sollte in jedem Fall mit Beendigung des Gesellschaftsvertrages enden.

Apel erfasste seine Gewinne aus der Apotheke als gewerbliche Einkünfte und zog die Schief zustehenden Vergütungen als Betriebsausgaben ab. Das Finanzamt betrachtete nach einer Außenprüfung die Gesellschaft als eine atypische stille Gesellschaft und erfasste die Beträge als Sonderbetriebseinnahmen des Schief (§ 15 Abs. 1 Nr. 2 EStG). Dementsprechend erließ es für die Jahre 01 bis 03 erstmalige Gewinnfeststellungsbescheide sowie Gewerbesteuermessbescheide und Umsatzsteuerbescheide, die es an die „Gesellschaft des bürgerlichen Rechtes, Stern-Apotheke, Inhaber Volker Apel", adressierte. Mit frist- und formgerechten Einsprüchen wandte sich

Apel gegen die Bescheide. Er trug vor, die Bescheide seien unwirksam, da schon apothekenrechtlich eine Apotheke nicht von einem nicht approbierten Apotheker als mitverantwortlichem Gesellschafter geführt werden könne.

Die Rechtsbehelfstelle des Finanzamtes stellte fest, dass die Beteiligten keinen Empfangsbevollmächtigten für die Bekanntgabe von eventuellen Feststellungsbescheiden bestimmt hatten und auch nicht nach § 352 Abs. 2 AO belehrt worden waren.

AUFGABE:

1. War bezüglich der Einkünfte aus Gewerbebetrieb eine einheitliche und gesonderte Feststellung veranlasst?

2. Gilt dies auch, wenn Apels Einwendung zutrifft, dass die Vertragsgestaltung apothekenrechtlich unzulässig war?

3. War Apel in Bezug auf den Gewinnfeststellungsbescheid einspruchsbefugt?

4. Muss das Finanzamt den Schief ggf. am Einspruchsverfahren des Apel beteiligen?

5. Waren die Bescheide richtig adressiert und übermittelt?

LITERATURHINWEIS

Lehrbuch Abgabenordnung, Rdn. 41 f., 256–258, 292, 799–803, 839–841, 844–846

LÖSUNG

1. Nach §§ 179 Abs. 2, 180 Abs. 1 Nr. 2a AO kommt eine einheitliche und gesonderte Gewinnfeststellung in Betracht, wenn mehrere an gewerblichen Einkünften beteiligt sind (§ 15 Abs. 1 Nr. 2 EStG). Eine Auslegung der drei Verträge ergibt, dass Schief und Apel eine **atypische stille** Gesellschaft (§ 230 HGB) bilden. Voraussetzung ist hierbei insbesondere, dass Schief sowohl Mitunternehmerinitiative entfalten kann als auch Mitunternehmerrisiko trägt. Die in den Verträgen vorgesehenen Kontrollrechte, sowie das Recht der Einsichtnahme in die Geschäftsbücher reichen aus, um die Mitunternehmerinitiative zu begründen. Auch das Mitunternehmerrisiko des Schief ist zu bejahen. Er ist am Gewinn und am Verlust zu 50 % beteiligt, ebenso bei Auflösung der Gesellschaft an den stillen Reserven. Der Geschäftswert steht ihm alleine zu (vgl. dazu BFH v. 12. 11. 1985 VIII R 364/83, BStBl II 1986, 311). Unbedeutend ist, dass die Gesellschafter eine **typische stille** Gesellschaft gründen wollten. Es kommt vielmehr auf die tatsächliche wirtschaftliche Gestaltung an. Deshalb sind auch alle drei Verträge bei dieser Auslegung als einheitliches Vertragswerk zu betrachten.

Schief ist allerdings nicht Gesellschafter im zivilrechtlichen Sinne. Das Gesellschaftsvermögen ist nicht Gesamthandsvermögen von Schief und Apel. Vielmehr bestehen schuldrechtliche Ansprüche zwischen Schief und Apel. Wegen seiner schuldrechtlichen Beteiligung an den stillen Reserven des Betriebsvermögens ist es wirtschaftlich gerechtfertigt, wenn auch für die Fälle der atypischen stillen Gesellschaft das Einkommensteuerrecht von der gemeinsamen Beteiligung des stillen Gesellschafters und des Geschäftsherrn an den Einkünften ausgeht (vgl. §§ 20 Abs. 1 Nr. 4, 15 Abs. 1 Nr. 2 EStG). Daraus folgt, dass sowohl die Vorabvergütung aus dem Mitarbeiter- und dem Pachtvertrag, also Sondervergütungen des Schief, den Gesamtgewinn des Unternehmens des Apel erhöhen. Ein Abzug als Betriebsausgaben kommt daher nicht in Betracht.

2. Es würde nichts anderes gelten, wenn die von den Beteiligten getroffene Vertragsgestaltung apothekenrechtlich unzulässig wäre. Denn aus den §§ 40, 41 AO folgt, dass die Unwirksamkeit von Rechtsgeschäften für die Besteuerung unerheblich ist, solange die Parteien an der Vertragsgestaltung festhalten und steuererhebliche Tatbestände erfüllen. Dies ist eine Folge der im Steuerrecht herrschenden wirtschaftlichen Betrachtungsweise.

3. Die Einspruchsbefugnis für Einsprüche gegen Gewinnfeststellungsbescheide richtet sich nach § 352 AO. Bei einer atypisch stillen Gesellschaft handelt es sich nicht um eine Personengesellschaft mit gesamthänderisch gebundenem Vermögen. Die Wirtschaftsgüter, die Schief eingelegt hat, gehen vielmehr in das Betriebsvermögen des Apel über (§ 230 Abs. 1 HGB). § 352 AO findet auch auf atypisch stille Gesellschaften Anwendung. Der Geschäftsherr (Apel) war kein zur Vertretung berufener Geschäftsführer i. S. v. § 352 Abs. 1 Nr. 1 Alt. 1 AO. Da die Gesellschafter nicht über die Einspruchsbefugnis von Empfangsbevollmächtigten belehrt wurden, kommt auch § 352 Abs. 1 Nr. 1 Alt. 2, Abs. 2 AO nicht zur Anwendung. Da damit eine Person nach § 352 Abs. 1 Nr. 1 AO nicht vorhanden ist, ist § 352 Abs. 1 Nr. 2 AO anwendbar, wonach jeder Gesellschafter Einspruch einlegen kann. Anders als nach § 352 Abs. 1 Nr. 1 AO kann Apel nur für sich Einspruch einlegen, da die atypische stille Gesellschaft als solche nicht handlungsfähig ist. Das Rechtsinstitut der Verfahrensstandschaft findet somit keine Anwendung (BFH v. 3. 3. 1998 VIII B 62/97, BStBl II 1998, 401). Auch Schief ist nur gem. § 352 Abs. 1 Nr. 2 AO einspruchsbefugt. Die Befugnis nach § 352 Abs. 1 Nr. 2 AO ist umfassend, deshalb sind daneben keine sonstigen Einspruchsbefugnisse anwendbar.

4. Da Schief zwar einspruchsbefugt war, einen Einspruch aber nicht eingelegt hat, muss ihn das Finanzamt notwendig zum Verfahren hinzuziehen (§ 360 Abs. 3 AO).

5.

a) Gewinnfeststellungsbescheide sind an die Feststellungsbeteiligten zu adressieren (§§ 119 Abs. 1, 179 Abs. 2 AO). Es genügt, wenn sich die Beteiligten aus der Gesamtheit des Bescheides, gegebenenfalls auch aus seinen Anlagen, ergeben. Dies ist der Fall.

Das Finanzamt hat den Feststellungsbescheid an Alfred Apel übermittelt. Eine Empfangsvollmacht lag nicht vor. Da auch die Voraussetzungen des § 183 Abs. 1 Satz 2 ff. AO nicht gegeben waren, musste das Finanzamt auch dem Schief einen Bescheid übermitteln. Dies hat es nicht getan. Daher ist die Übersendung an Apel nur diesem gegenüber wirksam (BFH v. 13. 9. 1994 IX R 89/90, BStBl II 1995, 39).

b) Die Gewerbesteuermessbescheide (§ 184 Abs. 1 AO, § 14 GewStG) sind an den Unternehmer des Gewerbebetriebes als Steuerschuldner zu adressieren (§ 119 Abs. 1 AO, § 5 Abs. 1 GewStG). Aus den Ausführungen zu Nr. 1 folgt, dass Unternehmer der Geschäftsherr Alfred Apel war. Das Finanzamt hat dagegen an eine nicht existierende Gesellschaft des bürgerlichen Rechts adressiert. Die Bescheide sind daher mangels Bestimmtheit unwirksam (§§ 119 Abs. 1, 125 Abs. 1, 124 Abs. 3 AO).

c) Die Umsatzsteuerbescheide sind ebenfalls an den Unternehmer i. S. v. § 2 UStG zu adressieren. Auch hier führt daher die Adressierung aus den in Nr. 5b genannten Gründen zur Unwirksamkeit (vgl. auch AEAO zu § 122 Nr. 2.4.1).

Einspruchsverfahren, Korrektur

FALL 36

Sachverhalt: Kathie Kirner erhält am 25. 1. 03 ihren Einkommensteuerbescheid für 01. 10 Tage später legt sie gegen diesen Bescheid Einspruch ein, weil das Finanzamt bei ihren Einkünften aus Vermietung und Verpachtung Werbungskosten mit einer steuerlichen Auswirkung von 1 000 € rechtsfehlerhaft nicht anerkannt hatte. Da bezüglich der strittigen Werbungskosten in einem gleich gelagerten Fall ein Rechtsstreit vor dem Finanzgericht München rechtshängig ist, bearbeitet das Finanzamt den Rechtsbehelf vorläufig nicht. 3 Monate später erreicht das Finanzamt eine Gewinnmitteilung, nach der Kirner im Jahre 01 an einer Kommanditgesellschaft beteiligt war. Ihr Gewinnanteil beträgt danach 600 000 €, steuerliche Auswirkung 250 000 €. Schließlich bemerkt der Sachbearbeiter im Einkommensteuerbescheid einen durch das FA verursachten Rechenfehler, der sich bisher mit 300 € zugunsten des Einspruchsführers ausgewirkt hat.

AUFGABE:

1. Kann das Finanzamt im vorliegenden Fall eine Aussetzung des Verfahrens anordnen? Könnte sich Kirner dagegen wehren?

2. Wie könnte das Finanzamt den Einspruch und die Gewinnmitteilung erledigen, wenn das Einspruchsverfahren inzwischen entscheidungsreif wäre?

3. Könnte das Finanzamt die Gewinnmitteilung berücksichtigen, wenn das Einspruchsverfahren noch nicht entscheidungsreif wäre?

4. Würde sich bei den Aufgaben 2 und 3 eine andere Lösung ergeben, wenn Kirner nach Bekanntgabe der Gewinnmitteilung ihren Einspruch zurücknehmen würde?

LITERATURHINWEIS

Lehrbuch Abgabenordnung, Rdn. 308–312, 347, 380 f., 813, 835 f., 848–852

LÖSUNG

1. Nach § 363 Abs. 1 AO kann das Finanzamt ein Einspruchsverfahren durch einen Verwaltungsakt aussetzen, wenn vor einer anderen Behörde oder einem Gericht ein Verfahren anhängig ist, das vorgreiflich für das vorliegende Einspruchsverfahren ist. Voraussetzung ist also, dass

sich das vorgreifliche Verfahren unmittelbar auf das anhängige Rechtsbehelfsverfahren auswirkt. Dies ist bei dem Rechtsstreit vor dem Finanzgericht nicht der Fall. Die Streitsache ist
zwar gleich gelagert, betrifft aber völlig andere Streitparteien. Nur zwischen dem Kläger und
dem beklagten Finanzamt entfaltet das Urteil unmittelbare Wirkung. Eine Aussetzung des
Verfahrens wäre somit rechtsfehlerhaft.

Das Finanzamt könnte allerdings das Verfahren ruhen lassen (§ 363 Abs. 2 Satz 1 AO), bedürf-
te dazu aber der Zustimmung des Einspruchsführers. Ein Ruhen kraft Gesetzes nach § 363
Abs. 2 Satz 2 AO scheidet aus, da die Voraussetzung dieser Vorschrift, nämlich ein Rechtsstreit vor dem Europäischen Gerichtshof, dem Bundesverfassungsgericht oder einem sonstigen Bundesgericht nicht vorliegt. Würde das Finanzamt das Verfahren dennoch durch Verwaltungsakt aussetzen, so käme als zulässiger Rechtsbehelf die Untätigkeitsklage nach
§ 46 FGO in Betracht. Ein Einspruch gegen den aussetzenden Verwaltungsakt wäre aus diesem Grunde mangels Rechtsschutzbedürfnisses unzulässig (vgl. auch § 348 Nr. 2 AO).
(Siehe auch *Lehrbuch Abgabenordnung*, Rdn. 835 f.)

2. Der zulässige Einspruch von Frau Kirner führt zur Wiederaufrollung (§ 367 Abs. 2 Satz 1 AO),
   die auch eine Verböserung des angegriffenen Verwaltungsaktes zulässt. Allerdings muss das
   Finanzamt den Einspruchsführer auf diese Möglichkeit hinweisen, ihm die Gründe der Verböserung nennen und ihm Gelegenheit geben, sich hierzu zu äußern (§ 367 Abs. 2 Satz 2 AO).
   Damit hat er ggf. die Möglichkeit, durch eine Rücknahme seines Einspruches (§ 362 AO) der
   Verböserung zu entgehen. Der fehlende Hinweis hat allerdings keine verfahrensrechtlichen
   Konsequenzen, wenn sich der Einspruchsführer einer Verböserung ohnehin nicht entziehen
   kann, weil das Finanzamt im Falle der Rücknahme eine entsprechende Korrektur durchführen
   könnte (vgl. für Bescheide unter dem Vorbehalt der Nachprüfung, BFH v. 10. 11. 1989 VI R
   124/88, BStBl II 1990, 414, und v. 10. 7. 1996 I R 5/96, BStBl II 1997, 5). Hier könnte das Finanzamt auch außerhalb des Einspruchsverfahrens den Einkommensteuerbescheid 01 nach
   § 175 Abs. 1 Nr. 1 AO zur Anpassung an den Grundlagenbescheid und nach § 129 AO den Rechenfehler korrigieren. Nimmt die Steuerpflichtige nach einem entsprechenden Hinweis den
   Einspruch nicht zurück, so wird durch förmliche Einspruchsentscheidung die Einkommensteuer um 249 300 € erhöht.
   (Siehe auch *Lehrbuch Abgabenordnung*, Rdn. 848–852)

3. Nach § 132 AO kann das Finanzamt, wenn das Einspruchsverfahren noch nicht entscheidungsreif ist, auch während des Rechtsbehelfsverfahrens die Korrekturen nach §§ 175 Abs. 1
   Nr. 1 und 129 AO durchführen. Dies gilt auch für die offenbare Unrichtigkeit (§ 129 AO), obwohl § 132 Satz 1 AO ausdrücklich keinen Hinweis auf die Berichtigung enthält. Hier dürfte
   es sich um ein redaktionelles Versehen handeln. Kirner müsste den Korrekturbescheid nicht
   gesondert angreifen, dieser wird vielmehr Gegenstand des Einspruchsverfahrens (§ 365
   Abs. 3 AO).
   (Siehe auch *Lehrbuch Abgabenordnung*, Rdn. 347)

4. Würde Kirner ihren Einspruch zurücknehmen (§ 362 Abs. 1 AO), so würde der Einkommensteuerbescheid bestandskräftig. Ein neuer Einspruch (vgl. § 362 Abs. 2 Satz 1 AO) wäre wegen
   des Ablaufes der Rechtsbehelfsfrist unzulässig.

   Im Korrekturverfahren würde sich aber dieselbe Steuer ergeben. Die Korrekturen nach §§ 175
   Abs. 1 Nr. 1 und 129 AO ergäben eine Steuererhöhung um 250 300 €. Der Rechtsfehler würde

nach § 177 Abs. 1 AO saldiert, da § 177 AO auch bei Berichtigungen Anwendung findet, vgl. AEAO zu § 129 Nr. 2. Die Steuer würde sich also um 249 300 € erhöhen. (Siehe auch *Lehrbuch Abgabenordnung*, Rdn. 308–312, 380 f.)

Einspruchsverfahren, Feststellungsbescheid, Stundung, Aussetzung der Vollziehung

FALL 37

Sachverhalt: Der Steuerpflichtige Bernd Wild ist als einziger Komplementär mit 50 % an der Wild KG beteiligt. Kommanditisten sind Tina Fuchs und Willi Hase. Gegen den Gewinnfeststellungsbescheid des Betriebs-Finanzamtes A legten er, sowie der Kommanditistin Fuchs fristgerecht Einspruch ein, weil das Finanzamt das pauschale Ausfallwagnis von Forderungen i. H. von 5 % aus 200 000 € = 10 000 € nicht anerkannte. Dem Rechtsbehelfsantrag des Steuerpflichtigen ist sachlich zu entsprechen.

In der Zwischenzeit erließ das Wohnsitz-Finanzamt B den Einkommensteuerbescheid des Gesellschafters Wild aufgrund der Gewinnmitteilung des Betriebs-Finanzamtes A. Die Steuer war auf 10 652 € festgesetzt, die Abschlusszahlung betrug 4 600 €. Die von Wild geleisteten Vorauszahlungen hatten 6 052 € betragen (§ 37 Abs. 3 EStG). Wild legte auch gegen den Einkommensteuerbescheid Einspruch ein, weil sich bei Anerkennung des Ausfallwagnisses im Rechtsbehelfsverfahren gegen den Gewinnfeststellungsbescheid sein Gewinnanteil um 5 000 € ermäßigen wird. Gleichzeitig beantragt er, die Einkommensteuerabschlusszahlung bis zur Erledigung des Einspruchs zu stunden. Das Wohnsitz-Finanzamt B stellt fest, dass die Minderung des Gewinnanteils um 5 000 € zu einer Steuerfestsetzung von 8 906 € führt. Im Übrigen sind die wirtschaftlichen Verhältnisse von Wild ausgezeichnet.

AUFGABE:

1. Sind die Einsprüche gegen den Gewinnfeststellungsbescheid zulässig?

2. Wie beurteilen Sie die Rechtslage hinsichtlich des Einspruchs gegen den Einkommensteuerbescheid?

3. Wie wird das Wohnsitz-Finanzamt über den Stundungsantrag entscheiden?

4. Könnte Wild einen Antrag auf Aussetzung der Vollziehung beim Finanzamt oder beim Finanzgericht stellen? Welchen Erfolg hätte gegebenenfalls ein solcher Antrag?

5. Wie könnte sich Wild wehren, wenn das Finanzamt seinen Antrag auf Aussetzung der Vollziehung ablehnt?

LITERATURHINWEIS

Lehrbuch Abgabenordnung, Rdn. 467–469, 799–803, 807 f., 824–832

1. Bei einheitlichen und gesonderten Gewinnfeststellungen von gewerblichen Einkünften ist die Einspruchsbefugnis eingeschränkt. Wie sich aus §§ 182 Abs. 1, 179 Abs. 2 Satz 2 AO ergibt, sind alle Feststellungsbeteiligten durch die Bindungswirkung des Feststellungsbescheides beschwert. Die Befugnis, Einspruch einzulegen steht jedoch nur der Wild-KG, vertreten durch den zur Vertretung berufenen Komplementär Wild zu (§ 352 Abs. 1 Nr. 1 Alt. 1 AO, §§ 164, 170, 161 Abs. 2, 114, 125 HGB). Da die Voraussetzungen des § 352 Abs. 1 Nr. 2 bis 5 AO nicht vorliegen (vgl. auch Aufgabe 5 zu Fall 33), ist der Einspruch von Tina Fuchs als unzulässig zu verwerfen (vgl. § 358 AO).

2. Mit seinem Einspruch gegen den Einkommensteuerbescheid wendet sich der Steuerpflichtige Wild gegen den Ansatz der Gewinnanteile an der Wild-KG bei den Einkünften aus Gewerbebetrieb, die das Betriebsfinanzamt A einheitlich und gesondert festgestellt hatte (§§ 179 Abs. 2 Satz 2, 180 Abs. 1 Nr. 2a AO). Das Wohnsitz-Finanzamt ist allerdings an die Feststellungen des Betriebsfinanzamtes gebunden (§ 182 Abs. 1 AO). § 351 Abs. 2 AO bestimmt deshalb, dass Entscheidungen in einem Grundlagenbescheid (§ 171 Abs. 10 AO) nur durch Anfechtung dieses Bescheides, nicht auch durch Anfechtung des Folgebescheides (§ 182 Abs. 1 AO), angegriffen werden können. Wilds Einspruch ist jedoch nicht unzulässig, sondern zunächst unbegründet. Wird dem Einspruch der KG gegen den Feststellungsbescheid stattgegeben, kann aus dem zunächst unbegründeten Rechtsbehelf ein begründeter werden, da bei Änderung des Grundlagenbescheides der Einkommensteuerbescheid von Amts wegen entsprechend geändert werden muss (§§ 182 Abs. 1, 175 Abs. 1 Nr. 1 AO).

   Dem Wohnsitz-Finanzamt bieten sich zwei Möglichkeiten: Es kann Wild über die Rechtslage aufklären und ihn zur Rücknahme seines Einspruches gegen den Einkommensteuerbescheid veranlassen (§ 362 AO). Es kann aber auch die Entscheidung über den Einspruch gegen den Einkommensteuerbescheid aussetzen, bis das Rechtsbehelfsverfahren gegen den Feststellungsbescheid abgeschlossen ist (§ 363 Abs. 1 AO), und dann über den Einspruch gegen den Einkommensteuerbescheid, ggf. gemäß §§ 367 Abs. 2 Satz 3, 172 Abs. 1 Nr. 2a AO, entscheiden. Würde Wild auf Anraten des Finanzamtes seinen Einspruch zurücknehmen, so müsste sein Wohnsitz-Finanzamt nach Änderung des Gewinnfeststellungsbescheides den Einkommensteuerbescheid nach § 175 Abs. 1 Nr. 1 AO korrigieren. Die entsprechende Korrektur müsste auch bei Fuchs und Hase durch deren Wohnsitzfinanzämter durchgeführt werden.

3. Nach § 222 AO können Zahlungen von Steuern gegen Zinsen (§ 234 AO) gestundet werden, wenn ihre Einziehung mit erheblichen sachlichen oder persönlichen Härten verbunden ist. Nachdem der Steuerpflichtige in ausgezeichneten wirtschaftlichen Verhältnissen lebt und er außer der Einlegung des Einspruches keine Gründe für eine Stundung vorgetragen hat, kann die Abschlusszahlung nicht gestundet werden. Aus dem zunächst unbegründeten Einspruch gegen den Einkommensteuerbescheid geht hervor, dass die KG gegen den Gewinnfeststellungsbescheid wegen Nichtanerkennung des Ausfallwagnisses Einspruch eingelegt hat und Aussicht besteht, dass der Gewinnfeststellungsbescheid zugunsten der Feststellungsbeteiligten geändert wird. Dennoch kann in diesem Fall der Stundungsantrag des Wild nicht als Antrag auf Aussetzung der Vollziehung (§ 361 AO) des Einkommensteuerbescheides behandelt werden. Wegen des Verhältnisses von Grundlagenbescheiden zu den Folgebescheiden kann

in diesen Fällen vorläufiger Rechtsschutz nur erlangt werden, wenn ein Antrag auf Aussetzung der Vollziehung des Grundlagenbescheides gestellt wird (vgl. die Ausführungen zu Aufgabe 4). Ein Antrag auf Aussetzung der Vollziehung des Folgebescheides, der mit Zweifeln an der Rechtmäßigkeit des Grundlagenbescheides begründet wird, ist unzulässig (BFH v. 29.10.1987 VIII R 413/83, BStBl II 1988, 240). Das Wohnsitz-Finanzamt wird im Rahmen seiner Fürsorgepflicht den Wild als Vertreter der KG auf die Möglichkeit eines entsprechenden Antrages hinweisen (§ 89 AO).

4. Ein Antrag auf Aussetzung der Vollziehung des Einkommensteuerbescheides ist unzulässig (vgl. Ausführungen zu Aufgabe 3). Wild hat jedoch als Vertreter der KG die Möglichkeit, eine Aussetzung der Vollziehung des Gewinnfeststellungsbescheides zu beantragen (§ 361 Abs. 2 AO, § 69 Abs. 2 FGO). Dieser Antrag könnte allerdings nur beim Betriebsfinanzamt gestellt werden. Nach § 69 Abs. 3 FGO wäre ein Antrag auch unmittelbar zum Finanzgericht möglich. Ein solcher Antrag an das Finanzgericht ist jedoch nach § 69 Abs. 4 FGO grundsätzlich nur dann zulässig, wenn das Finanzamt einen Antrag nach § 361 Abs. 2 AO, § 69 Abs. 2 FGO abgelehnt hat. Der Rechtsbehelfsführer ist im Allgemeinen gezwungen, sich zuerst mit seinem Antrag auf Aussetzung der Vollziehung an das Finanzamt zu wenden (zu den Ausnahmen vgl. § 69 Abs. 4 FGO).

    Ein Antrag der KG, vertreten durch Wild, an das Betriebsfinanzamt hätte Erfolg, da laut Sachverhalt dem Rechtsbehelfsantrag sachlich zu entsprechen ist. Deshalb müsste nunmehr, soweit der Grundlagenbescheid ausgesetzt wird, auch der Folgebescheid ausgesetzt werden (§ 361 Abs. 3 Satz 1 AO, § 69 Abs. 2 Satz 4 FGO). Das Wohnsitzfinanzamt müsste daher von der Abschlusszahlung von 4 600 € einen Teilbetrag von 1 746 € (10 652 € ./. 8 906 €) aussetzen. § 361 Abs. 2 Satz 4 AO käme bei der Folgeaussetzung des Einkommensteuerbescheides nicht zum Tragen, da die bestandskräftig festgesetzten Vorauszahlungen in Höhe von 6 052 € durch die neu festzusetzende Einkommensteuer des Wild nicht unterschritten werden.

5. Gegen die Ablehnung des Antrages auf Aussetzung der Vollziehung besteht entweder die Möglichkeit des Einspruches (§ 347 Abs. 1 Nr. 1 AO) oder des Antrages nach § 69 Abs. 3 FGO, da das Finanzamt nunmehr den Antrag auf Aussetzung der Vollziehung abgelehnt hat (vgl. auch § 361 Abs. 5 AO, § 69 Abs. 7 FGO).

Einspruchsverfahren bei Rechtsnachfolge

FALL 38

Sachverhalt: Der Steuerpflichtige Fritz Klein ist am 15.10. verstorben. Der ihm vor seinem Tode am 2.9. zugegangene Einkommensteuerbescheid war bestandskräftig geworden. Die Abschlusszahlung von 1 200 € ist jedoch nicht entrichtet. Als Alleinerbe nimmt der Neffe des Verstorbenen, Theo Schwarz, die Erbschaft am 30.11. an und schreibt am 5.12. an das Finanzamt, dass er gegen den Einkommensteuerbescheid des Verstorbenen Einspruch einlege, um Entschuldigung bitte, dass er sich erst jetzt an das Finanzamt wende, weil er erst vor 5 Tagen die Erbschaft angenommen habe und früher die Unterlagen nicht habe einsehen können. Aus dem Schreiben geht weiter hervor, dass vom Verstorbenen Abschreibungen nach § 7 EStG nicht beantragt wurden, bei deren Berücksichtigung die Steuer sich um 660 € ermäßigt hätte. Bei dieser Sachlage bittet Schwarz, die Abschlusszahlung von 1 200 € zu stunden, bis über seinen Rechtsbehelf entschieden ist.

Dem Finanzamt ist bekannt, dass Fritz Klein größeres Vermögen (Grundstück, Wertpapiere, Bankguthaben) hinterlassen hat.

Aufgabe:

1. Wie würden Sie über die Anträge des Alleinerben entscheiden?

2. Darf das Finanzamt mit der Vollstreckung gegen den Erben beginnen?

3. Wie wäre die Rechtslage, wenn der Einkommensteuerbescheid an Klein am 14. 10. zur Post gegeben worden wäre, und

   a) der Bescheid vor seinem Tod,

   b) der Bescheid nach seinem Tod bei Klein eingegangen wäre.

LITERATURHINWEIS

Lehrbuch Abgabenordnung, Rdn. 292, 433–435, 637, 767–769, 849

LÖSUNG

1.

   a) Theo Schwarz ist als Alleinerbe Gesamtrechtsnachfolger des Steuerpflichtigen Fritz Klein geworden. Die Einkommensteuerschuld des Klein ist deshalb gem. § 45 Abs. 1 Satz 1 AO, § 1922 BGB auf ihn übergegangen. Er schuldet demgemäß als Gesamtrechtsnachfolger die Einkommensteuerabschlusszahlung in Höhe von 1 200 €. Der Erbe tritt in die abgabenrechtliche Rechtsstellung seines Rechtsvorgängers ein. Er muss den gegen den Erblasser ergangenen Bescheid als Gesamtrechtsnachfolger gegen sich gelten lassen. Ist deshalb die Steuerschuld bereits unanfechtbar festgesetzt, so gilt dies auch dem Rechtsnachfolger gegenüber (§ 166 AO).

   Der Einspruch des Erben gegen den unanfechtbar gewordenen Einkommensteuerbescheid des Verstorbenen ist demnach verspätet und unzulässig und muss, wenn ihn Schwarz nach Sachaufklärung nicht zurücknimmt, als unzulässig verworfen werden (§ 358 AO).

   Schwarz könnte sich jedoch, allerdings nur im Vollstreckungsverfahren, auf die Vorschriften über die Haftungsbeschränkung der Erben nach bürgerlichem Recht berufen (§ 45 Abs. 2 Satz 1 AO). Danach kann ein Erbe erreichen, dass er nur mit dem ererbten Vermögen für Nachlassschulden einstehen muss. So kann er zum Beispiel die Einrede der Dürftigkeit des Nachlasses erheben (§ 1990 BGB). Das hat aber hier bei der Größe der Erbschaft keine Bedeutung.

b) Nach Sachlage ist für eine Stundung gem. § 222 AO kein Raum, weil die Einziehung nicht mit erheblichen Härten verbunden wäre (größeres Vermögen ist geerbt worden). Eine Aussetzung der Vollziehung gem. § 361 AO kommt nicht in Frage, weil der eingelegte Einspruch keine Aussicht auf Erfolg bietet.

Das Finanzamt wird diesen Antrag des Steuerpflichtigen ablehnen.

2. Vollstreckungshandlungen gegen den Erben dürfen jedoch erst vorgenommen werden, wenn der Erbe selbst durch Leistungsgebot zur Zahlung aufgefordert wurde und danach eine Woche verstrichen ist (§ 254 Abs. 1 Satz 1 und 3 AO).

3.

a) Hat der Einkommensteuerbescheid den Klein am 15.10. **tatsächlich** noch vor seinem Tode erreicht, so war der Bescheid wirksam adressiert und übermittelt (§§ 124 Abs. 1, 122 Abs. 1 AO). Die 3-Tagesregelung des § 122 Abs. 2 Nr. 1 AO spielt hierbei keine Rolle. Entscheidend ist, dass der Bescheid dem Klein noch vor seinem Tod zugegangen ist. In diesem Falle ist der Einkommensteuerbescheid inzwischen bestandskräftig, und es gelten die Ausführungen zu 1. und 2.

b) Ist der Bescheid erst nach dem Tode bei Klein angekommen, dann fehlt es an einer wirksamen Bekanntgabe i.S.v. §§ 124, 122 AO. Es ist rechtlich unmöglich, einen Steuerbescheid an einen Toten zu adressieren. Der Bescheid ist damit unwirksam (§§ 125 Abs. 1, 124 Abs. 3 AO). Dennoch ist der Einspruch von Schwarz zulässig, da sich der Einspruch auch gegen einen nichtigen Verwaltungsakt richten kann (vgl. AEAO zu § 347 Nr. 1). Das Finanzamt wird auf seinen Einspruch hin einen neuen (erstmaligen) Einkommensteuerbescheid an Theo Schwarz (Inhaltsadressat) als Gesamtrechtsnachfolger des Fritz Klein erlassen (§ 45 AO). Wie sich aus § 365 Abs. 3 Satz 2 Nr. 2 AO ergibt, ist dieser dann Gegenstand des anhängigen Einspruchsverfahrens des Schwarz. Dieser muss also keinen neuen Einspruch einlegen.

Einspruchsverfahren, § 351 Abs. 1 AO

FALL 39

Sachverhalt: Das Finanzamt Fürth gab den Einkommensteuerbescheid 01 für Isabella Korn am 15.7.03 zur Post. Die Einkommensteuer betrug 26 000 €. Drei Tage später bemerkte der zuständige Sachbearbeiter, dass ihm bei Erlass des Steuerbescheides 01 eine offenbare Unrichtigkeit unterlaufen war. Er berichtigte den Bescheid nach § 129 AO. Die Steuer betrug nunmehr 28 000 €. Der neue Bescheid erreichte Frau Korn am 17.8.03. Am 29.8.03 legte sie gegen den Steuerbescheid schriftlich Einspruch ein und trug vor, der Bescheid vom 15.7.03 enthalte einen Rechtsfehler zu ihren Ungunsten mit einer steuerlichen Auswirkung von 3 000 €.

1. Wird Korn mit ihrem Einspruch Erfolg haben, wenn ihre Einwendung materiell-rechtlich richtig ist?

2. Würde sich an der Lösung etwas ändern, wenn Korn in ihrem Einspruch nicht einen Rechtsfehler, sondern eine neue Tatsache i. S. v. § 173 Abs. 1 Nr. 2 AO mit einer steuerlichen Auswirkung von 3 000 € vorträgt?

3. Ergäbe sich in den vorliegenden Fällen eine andere Lösung, wenn der Berichtigungsbescheid Frau Korn erst am 20. 8. 03 erreicht hätte?

Lehrbuch Abgabenordnung, Rdn. 805, 849–851

1. Frau Korn hat gegen den Einkommensteuerbescheid zulässigen Einspruch eingelegt. Der Einspruch ist begründet, wenn der angefochtene Verwaltungsakt rechtswidrig und der Einspruchsführer dadurch in seinen Rechten verletzt ist. Dabei erfolgt gem. § 367 Abs. 2 Satz 1 AO eine vollumfängliche Überprüfung. Der Umfang der Änderung im Einspruchsverfahren ist jedoch, sofern ein Bescheid angegriffen wird, der einen formell bestandskräftigen Bescheid ändert, begrenzt auf das Ausmaß des Änderungsbescheids (§ 351 Abs. 1 AO). Im vorliegenden Fall findet allerdings § 351 Abs. 1 AO keine Anwendung, da der Erstbescheid nicht bestandskräftig geworden ist. Der Erstbescheid ging am 15. 7. 03 zur Post und galt damit am 18. 7. 03 als bekannt gegeben (§ 122 Abs. 2 Nr. 1 AO). Bestandskräftig wäre er somit erst mit Ablauf der einmonatigen Rechtsbehelfsfrist, also mit Ablauf des 18. 8. 03, geworden (§ 355 Abs. 1 AO). Bereits vor diesem Zeitpunkt wurde aber der Erstbescheid durch den wirksamen Berichtigungsbescheid ersetzt. Daraus folgt, dass Korn die Herabsetzung der Steuer auf 25 000 € erreichen kann. Ihr Einspruch ist begründet.

2. Die Lösung würde sich nicht ändern, wenn Korn eine neue Tatsache mit einer steuerlichen Auswirkung von 3 000 € zu ihren Gunsten vortragen würde. Auf Grund seines zulässigen Einspruches kommt es zu einer vollständigen Wiederaufrollung nach § 367 Abs. 2 Satz 1 AO, ohne dass es hierzu des Vorliegens von Korrekturvorschriften bedarf. Auch in diesem Falle wäre Korns Einspruch begründet.

3. Hätte der Berichtigungsbescheid Frau Korn erst am 20. 8. 03 erreicht, so wäre der Erstbescheid mit Ablauf des 18. 8. 03 bestandskräftig geworden und § 351 Abs. 1 AO wäre zu beachten. Das bedeutet, die Wiederaufrollung ist nur soweit möglich, als die Änderung reicht, also in dem Bereich von 26 000 € bis 28 000 €. Trotz des Wortlautes „Änderung" in § 351 Abs. 1 AO gilt die Vorschrift auch, wenn der Erstbescheid nach § 129 AO berichtigt worden ist (AEAO zu § 351 Nr. 3). Trägt Korn vor, der Erstbescheid habe einen Rechtsfehler enthalten, so kann sie günstigstenfalls wieder die ursprüngliche Steuer von 26 000 € erreichen. Bezüg-

lich der restlichen 1 000 € ist der Einspruch unbegründet, da der Korrekturbescheid den Erstbescheid in seinen Regelungsinhalt mit aufnimmt.

Beinhaltet der Vortrag Korns eine neue Tatsache zu ihren Gunsten, so kommt es darauf an, ob Korn an dem verspäteten Vorbringen ein grobes Verschulden trifft. Ist dies der Fall, so bleibt es bei der dargestellten Lösung.

Ist Korns verspätetes Vorbringen nicht grob verschuldet, so greift § 351 Abs. 1 2. Halbsatz AO ein. Durch die Korrekturvorschrift des § 173 Abs. 1 Nr. 2 AO kann dann die neue Tatsache in vollem Umfang berücksichtigt werden (Änderungsrahmen 28 000 € - 25 0000 €).

Einspruchsverfahren, § 351 Abs. 2 AO

FALL 40

Sachverhalt: Tobias Adler und Fred Kogel, beide Architekten, gründeten in 05 in A eine Partnerschaftsgesellschaft. Geschäftsführung und Vertretung der Gesellschaft regelten sich nach § 7 PartGG. Das Finanzamt A stellte den Gewinn für das Jahr 05 entsprechend der Feststellungserklärung der Partner einheitlich und gesondert fest. Der Gewinnanteil der Partner betrug je 120 000 €. Der Feststellungsbescheid ging am 15. 09. 06 zur Post. Er war zutreffend adressiert und an den Empfangsbevollmächtigten Adler übermittelt. Unter Zugrundelegung des Feststellungsbescheides erließ das Wohnsitzfinanzamt B für Kogel den Einkommensteuerbescheid 05. Er ging am 15. 10. 06 zur Post. Am 18. 10. 06 fand sich im Briefkasten des Finanzamtes B ein Einspruch des Kogel gegen den Einkommensteuerbescheid 06. Kogel trug vor, um seinen Anteil an der Partnerschaftsgesellschaft finanzieren zu können, habe er bei seiner Bank einen Kredit aufgenommen, für den er in 05 Zinsen in Höhe von 30 000 € bezahlt habe. Er bitte, diese Aufwendungen als Betriebsausgaben bei seiner Einkommensteuer 05 zu berücksichtigen. Er habe übersehen, diese in der Steuererklärung anzugeben.

AUFGABE:

1. Nach welcher Vorschrift sind die Einkünfte der Partnerschaft verfahrensrechtlich zu ermitteln und wer hat die entsprechende Erklärung abzugeben?

2. An wen ist der Feststellungsbescheid zu adressieren und zu übermitteln?

3. Wie sind die Aussichten von Kogels Einspruch zu beurteilen? Wie haben die beteiligten Finanzämter zu verfahren?

4. Würde sich an der Lösung etwas ändern, wenn der Feststellungsbescheid bereits am 15. 8. 06 zur Post gegangen war?

LITERATURHINWEIS

Lehrbuch Abgabenordnung, Rdn. 358, 779–782, 787 f., 799–804, 844–846

1. Aus § 1 Abs. 4 PartGG folgt, dass es sich bei Partnerschaftsgesellschaften um Personengesellschaften handelt. Daher ist der Gewinn einheitlich und gesondert festzustellen (§§ 18 Abs. 1 Nr. 1 EStG, 179 Abs. 2, 180 Abs. 1 Nr. 2a AO). Dies geschieht durch das Finanzamt, von dessen Bezirk aus die freiberufliche Tätigkeit vorwiegend ausgeübt wird (§ 1 Abs. 1 PartGG, § 18 Nr. 3 AO), also durch das Finanzamt A.

   Die Feststellungserklärung haben Adler und Kogel abzugeben, da ihnen jeweils ein Anteil an den Einkünften zuzurechnen ist (§ 181 Abs. 2 Nr. 1 AO). Außerdem sind beide Geschäftsführer der Gesellschaft i. S. v. § 34 Abs. 1 AO (§ 6 Abs. 3 PartGG, § 114 HGB). Die Abgabepflicht folgt daher auch aus § 181 Abs. 2 Nr. 4 AO.

2. Die Adressierung erfolgt an beide Inhaltsadressaten, Adler und Kogel (§§ 179 Abs. 2 Satz 2, 119 Abs. 1, 124, 122 Abs. 1 AO). Die Übermittlung erfolgt an den Empfangsbevollmächtigten Adler (§ 183 Abs. 1 Satz 1 AO). Im Bescheid ist darauf hinzuweisen, dass die Übermittlung mit Wirkung für und gegen alle Feststellungsbeteiligten erfolgt (§ 183 Abs. 1 Satz 5 AO).

3. Bei der Auslegung von Kogels Schreiben wird das Finanzamt von desssen wirklichem Willen ausgehen (§ 133 BGB entsprechend). Dabei ist zu beachten, dass Kogel nur Erfolg haben kann, wenn er den Feststellungsbescheid angreift. Bei den Zinsen handelt es sich um Sonderbetriebsausgaben (§ 4 Abs. 4 EStG), die im Rahmen der Gewinnfeststellung berücksichtigt werden müssen. Im Einspruch gegen den Einkommensteuerbescheid vorgetragen, wären diese Einwendungen nach ständiger Rechtsprechung des BFH unbegründet (§ 351 Abs. 2 AO).

   Es handelt sich daher um einen Einspruch des Kogel gegen den Feststellungsbescheid, wobei sich aus der Situation ergibt, dass Kogel den Einspruch für sich einlegen wollte und nicht für die Partnerschaft. Das Finanzamt B wird den Einspruch daher an das Finanzamt A weiterleiten. Dieses prüft die Zulässigkeit: Der Einspruch ist statthaft (§§ 347 Abs. 1 Nr. 1, 118 AO). Der schriftliche Einspruch ist formgerecht, da der Einspruchsführer erkennen lässt, dass er Nachprüfung des Feststellungsbescheides begehrt (§ 357 Abs. 1 AO). Die Frist ist gewahrt, da die Einspruchsfrist von einem Monat bei zutreffender Rechtsbehelfsbelehrung mit Ablauf des 18. 10. 04 endete (§§ 355 Abs. 1, 122 Abs. 2 Nr. 1, 108 Abs. 1 AO, §§ 187 Abs. 1, 188 Abs. 2 BGB) und rechtzeitig vor Fristende bei der zutreffenden Anbringungsbehörde eingegangen ist. Nach § 357 Abs. 2 Satz 2 AO kann der Einspruch gegen den Feststellungsbescheid auch beim Wohnsitzfinanzamt des Kogel angebracht werden. Die Beschwer des Kogel ergibt sich aus der Bindungswirkung des Grundlagenbescheides (§ 182 Abs. 1 Satz 1 AO). Die Befugnis folgt aus § 352 Abs. 1 Nr. 5 AO, da die Sonderbetriebsausgaben ihn persönlich betreffen. Kogels Einspruch ist somit zulässig (§ 358 AO).

   Da Kogel den Einspruch fälschlich gegen seinen Einkommensteuerbescheid richtete, kann es sich nur um einen Einspruch des Kogel persönlich (nicht der Partnerschaft) gegen den Feststellungsbescheid handeln. Damit muss das Finanzamt A prüfen, ob die Partnerschaft notwendig zum Verfahren hinzuzuziehen ist. Nach § 352 Abs. 1 Nr. 1 Alt. 1 AO ist die Partnerschaft durch einen oder beide zur Vertretung berufenen Geschäftsführer notwendig zum Verfahren hinzuzuziehen (§ 360 Abs. 3 AO). Nach § 7 Abs. 3 PartGG gilt für die Vertretung § 125 HGB entsprechend. Das Finanzamt kann sich auch damit begnügen, nur einen der Partner hinzuzuziehen, da jeder Partner die Gesellschaft alleine vertreten kann. Da die Partnerschaft nicht selbst Einspruch eingelegt hat, umfasst die Wiederaufrollung (§ 367 Abs. 2 AO) allerdings nur die Sonderbetriebsausgaben (vgl. auch Fall 33 Aufgabe 5 und 6).

4. Wäre der Feststellungsbescheid bereits am 15. 8. 06 zur Post gegangen, so wäre Kogels Einspruch verspätet (vgl. oben 3) und, soweit keine Wiedereinsetzungsgründe vortragen wurden, vom Finanzamt A gem. § 358 AO als unzulässig zu verwerfen.

Das Finanzamt müsste nunmehr prüfen, ob eine Korrektur in Betracht kommt. Es wäre an eine Änderung wegen neuer Tatsachen zu denken (§ 173 Abs. 1 Nr. 2 AO). Bei den Zinsen handelt es sich um einen Lebenssachverhalt, der auf die Höhe von Kogels Gewinnanteil Einfluss hat und der dem Finanzamt erst nachträglich bekannt wurde. Zweifelhaft ist, ob Kogel ein grobes Verschulden am verspäteten Vorbringen trifft. Es spricht manches dafür, dass Kogel sich in einem entschuldbaren Rechtsirrtum befand, weil er glaubte, die Zinsen könnten als Betriebsausgaben im Einkommensteuerbescheid geltend gemacht werden. Ein steuerlicher Laie muss weder § 351 Abs. 2 AO noch § 15 Abs. 1 Nr. 2 EStG kennen. In diesem Falle käme es zur Korrektur des Feststellungsbescheides (§§ 181 Abs. 1, 173 Abs. 1 Nr. 2 AO) und anschließend zu einer Folgekorrektur des Einkommensteuerbescheides nach § 175 Abs. 1 Nr. 1 AO.

STICHWORTVERZEICHNIS

Die Zahlen verweisen auf die Nummer des jeweiligen Falles.

A

Abhilfebescheid   12, 28, 29

Ablaufhemmung   7, 11, 15, 16, 18, 31

Abrechnungsbescheid   22, 24

Adressierung   6, 32, 33, 35, 38, 40

Amtsträger   3, 4, 13

andere Personen   5

Änderung
— bei rückwirkendem Ereignis   16
— im Rechtsbehelfsverfahren   12, 36
— von Folgebescheiden   15
— von Steuerbescheiden   10–16
— wegen neuer Tatsachen   13, 34

Änderungsbescheid   13
— Einspruch   34

Androhung von Zwangsgeld   8

Angehörige   5

Anlaufhemmung   7, 16, 18

Anrechnungsverfügung   28

Ansprüche aus Steuerschuldverhältnis, Erlöschen   21–24

Antrag auf schlichte Änderung   12, 16

Aufrechnung   21, 22, 28

Auskunftsersuchen   8, 17

Auskunftspflichten   5, 17

Auskunftsverweigerungsrechte   5

Auslegung, von Rechtsbehelfen   28, 40
— von Anträgen   17

Außenprüfung   9, 13, 18

Aussetzung des Verfahrens   36, 37

Aussetzung der Vollziehung   9, 29, 36, 37

Aussetzungszinsen   19

Auswahlermessen   25, 27

Auswahlverschulden   18

B

Bankgeheimnis   5, 13

Befugnis   32, 33–35, 37, 40

Befugnisse der Steuerfahndung   5

Beginn der Zuständigkeit   1

Begriff des Verwaltungsaktes   4

Begründung von Verwaltungsakten   15

begünstigende Verwaltungsakte   8, 9

Bekanntgabe   6, 33, 34, 35, 38, 40

belastende Verwaltungsakte   8, 9

Berichtigung
— von materiellen Fehlern   17, 18
— von offenbaren Unrichtigkeiten   7

Berufsgeheimnis   5

Beschwer   32, 33, 35, 37, 40

Bestandskraft   7, 39

Besteuerungsgrundlagen   1, 2, 15, 32, 40

Beteiligte   5

Betrachtung, wirtschaftliche   35

betriebsbedingte Steuern   26

Betriebsfinanzamt   1

Betriebsstättenfinanzamt   1

Betriebssteuern   26

Betriebsübernahme   26

E

einheitliche und gesonderte Feststellungen   1, 15, 18, 34, 35, 40

Einheitswertbescheide   1, 15

Einkunftsfeststellungsbescheide   1, 2, 15, 18

Einspruch, gegen Änderungsbescheide   34, 39
— gegen Folgebescheide   40
— Rücknahme   36

Einspruchsbelehrung   17

Einspruchsbefugnis   32, 33, 34
— Bekanntgabe   35
— Nichtigkeit   35
— Rechtsnachfolge   38

Einspruchsentscheidung   12

Einspruchsfrist   12, 30, 34, 39

Einspruchsverfahren   28–40

Empfangsbevollmächtigter 6, 17, 34

Empfangsvollmacht 34

Ende der Zuständigkeit 2

Entschließungsermessen 25, 27

Entstehung der Steueransprüche 26, 27

Ereignis, rückwirkendes 16

Erlass 8, 23

Erlöschen von Ansprüchen aus dem Steuerschuldverhältnis 22, 23

Ermessungsverwaltungsakt 2, 9, 25, 26, 27

Erwerber eines Handelsgeschäfts 26

F

Fehler, materielle 17, 18
– Mitberichtigung

Fehlerhafte Verwaltungsakte 8

Festsetzungsfrist 7, 31

Festsetzungsverjährung 7, 10, 11, 12, 15, 16, 17,
18, 19, 31, 34

Feststellung, gesonderte 2, 15
– einheitliche und gesonderte 1, 15, 18, 35, 40

Feststellungsbescheide 1, 2, 6, 15, 18, 32, 33, 37,
40

Feststellungsbeteiligte 6

Feststellungsfrist 15

Feststellungsklage 4

Feststellungsverjährung 15

Finanzamt der Berufstätigkeit 1, 2

Folgeänderungen 15

Folgebescheide 15

Form der Rechtsbehelfe 12, 28

Frist 28, 30, 31, 40

G

gebundener Verwaltungsakt 2, 9, 10, 11

Gesamtaufrollung 29, 39

Gesamtrechtsnachfolge 38

Gesamtschuldner 31

Gesellschaft, stille 35

gesetzliche Haftung 25

gesetzliche Prozessstandschaft 35

gesetzliche Vertreter 25

gesonderte Feststellungen 1, 2, 15, 17, 18, 40

Gewerbesteuermessbescheid 1, 35

Gewerbeuntersagung 4

Gewinnfeststellungsbescheid 1, 2, 15, 18

grobe Fahrlässigkeit 13, 25

grobes Verschulden 13, 18, 28

Grundlagenbescheid 1, 15, 37, 40

H

Haftung 25, 26, 27
– Auswahlermessen 27
– Betriebsübernehmer 26
– Gesellschafter 27
– Vertreter 25

Haftungsanspruch 25, 26, 27

Haftungsbescheid 25, 26, 27

Haftungsschuld 25, 26, 27

Haftungsschuldner 25, 26, 27

Haftungsverfahren 27

Haftungsverjährung 26, 27

Heilung von Verfahrensfehlern 32

Hinzuziehung 14, 31, 33, 34, 35, 40

K

Kompensation mit materiellen Fehlern 17, 18

Kontrollmitteilung 13

Korrektur von Einspruchsentscheidungen 12

Korrektur von Rechenfehlern 36

Korrektur von Verwaltungsakten 7–18, 36

L

Lagefinanzamt 1

Leistungsgebot 28

M

materielle Fehler 17, 18

Mitberichtigung von materiellen Fehlern 17, 18

N

Nachforderungszinsen 19

nachträglich bekannt gewordene Tatsachen 13,
16, 17, 18, 28, 30, 40

Nebenbestimmung 9, 10, 11

Nebenleistungen, steuerliche 19, 20

neue Tatsachen   13, 16, 17, 18, 28, 30, 40

Nichtigkeit von Verwaltungsakten   6, 8, 32, 35

Nichtsteuerbescheide   8, 9

O

offenbare Unrichtigkeit   7, 17, 18, 28

Offenbarung von Verhältnissen   3, 4

Organisationsverschulden   18

örtliche Zuständigkeit   1, 2

P

Partnerschaftsgesellschaft   40

Pflichtgemäße Ermessensausübung   9

Prüfungsanordnung   5, 9, 18

Prüfungsfeststellungen   18

R

Rechenfehler, Korrektur   36

rechtliches Gehör   13, 14, 27, 32

rechtmäßiger Verwaltungsakt   9

Rechtsbehelfsverfahren   8, 34

Rechtsnachfolge, Einspruchsverfahren   38

rechtswidriger Verwaltungsakt   8

Rücknahme von Rechtsbehelfen   36

Rücknahme von Verwaltungsakten   8

rückwirkendes Ereignis   16

Ruhen des Verfahrens   36

S

sachliche Zuständigkeit   2

Saldierung von materiellen Fehlern   17, 18, 36

Säumniszuschläge   8, 19, 20, 24–27

schlichte Änderung   12, 29

Schlussbesprechung   18

Schonfrist   20

Steuerbescheide   6, 10, 18
– vorläufige   11

Steuerfahndung   5

Steuerfestsetzungen, vorläufige   11
– widerstreitende   14

Steuergeheimnis   3, 4, 13

steuerliche Nebenleistungen   19, 20

Steuerschuldverhältnis, Ansprüche   21–24

Steuerverwaltungsakte   4, 17

stille Gesellschaft   35

Stundung   9, 37, 38

Stundungszinsen   37

T

Tatsachen   13, 16, 17, 18, 28, 30, 40

Tätigkeitsfinanzamt   1, 2

U

Übermittlung von Steuerbescheiden   6, 33, 35, 40

Überwachungsverschulden   18

Unrichtigkeit, offenbare   7, 17, 18, 28

Unternehmensfinanzamt   1

V

Verböserung   34, 36

Verfahrensstandschaft   33

Verjährung s. Festsetzungs-, Zahlungsverjährung

Verrechnungsvertrag   21

Verschulden   13, 18, 25

Verspätungszuschlag   8, 20

Vertreter, Haftung   25

Verwaltungsakt   4, 28
– begünstigender   8, 9
– belastender   8, 9
– gebundener   2, 10, 11
– Nichtigkeit   6, 8, 32, 35
– rechtswidriger   8
– Widerruf   9

Verwaltungsfinanzamt   1

Verwertungsverbot   17

Vollmacht   31, 34

Vollziehung, Aussetzung   37

Vorauszahlungsbescheid   28

Vorbehalt der Nachprüfung   10, 28

Vorbehalt des Widerrufs   9

Vorlageverweigerungsrechte   5

vorläufiger Steuerbescheid   11

W

Wahlrechte   15

Wahrung der Festsetzungsfrist   15, 16

Wechsel der Zuständigkeit   2

Widerruf   9

Widerrufsvorbehalt   9

widerstreitende Steuerfestsetzungen   14

Wiederaufrollung   29, 35, 39

Wiedereinsetzung   32

Willenserklärung   13

wirtschaftliche Betrachtungsweise   35

Wissenserklärung   13

Wohnsitzfinanzamt   1, 2

Z

Zahlungsverjährung   22, 24, 27

Zinsbescheid   19

Zinsen   19

Zulässigkeit der Rechtsbehelfe   31, 34, 40

Zuständigkeit   1, 2

Zuständigkeitswechsel   2

Zuziehung s. Hinzuziehung

Zwangsgeldandrohung   8

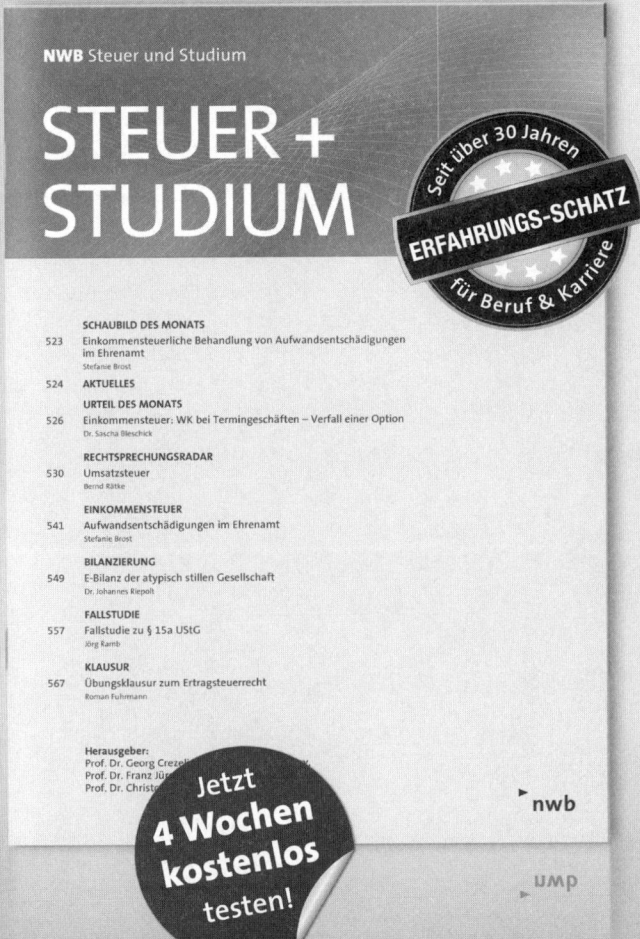
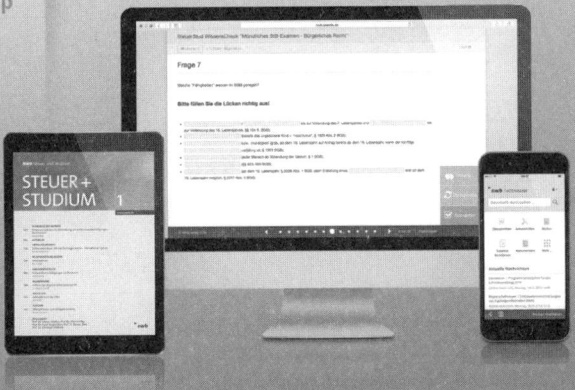

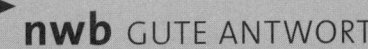